# Der hermetische Bund teilt mit:

# Sonderausgabe Nr. VI

# Über die 5 Elemente

Mein Dank geht an Peter Windsheimer für das Design des Titelbildes. Des Weiteren an Ariane und Michael Sauter.

Für Schäden, die durch falsches Herangehen an die Übungen an Körper, Seele und Geist entstehen könnten, übernehmen Verlag und Autor keine Haftung.

Copyright © 2012 by Christof Uiberreiter Verlag
Waltrop • Germany

Herstellung und Verlag:
BoD – Books on Demand, Norderstedt
ISBN 978-3-7386-1585-2

Alle Rechte, auch die fotomechanische Wiedergabe (einschließlich Fotokopie) oder der Speicherung auf elektronischen Systemen, vorbehalten
All rights reserved

# Inhaltsangabe:

Vorwort ..... 4
1. Allgemeines über die Elemente ..... 5
2. Philosophie des Paracelsus ..... 9
   Die erste Materie der vier Elemente ..... 22
   Über das Element der Luft ..... 34
   Über das Element des Feuers ..... 41
   Über die Sonne, das Licht, die Finsternis und die Nacht ..... 43
   Über das Element der Erde ..... 47
   Über das Element des Wassers ..... 50
3. Über die Entstehung des Menschen ..... 55
   Das Buch über die Entstehung des Menschen ..... 57
4. Über die Nymphen Sylphen, Pygmäen, Salamander ..... 69
   Über das Wesen des Geistes und der Seele ..... 72
   Von ihrer Wohnung ..... 76
   Wie sie zu uns kommen und uns sichtbar werden ..... 80
   Von den Ursachen des Daseins solcher Geschöpfe ..... 91
   Von der Schöpfung und Erhaltung der vier Elementar-Körper ..... 93
5. Dr. Johannes Faust ..... 96
   Von den Feuer-Geistern ..... 96
   Von den Luft-Geistern ..... 97
   Von den Wasser-Geistern ..... 99
   Von den Erd-Geistern ..... 100
   Evokation der Pigmaeos ..... 100
   Eine weitere Rufung ..... 103
6. Geschichten von Elementar-Geistern ..... 107
   Eine Gnombeschwörung ..... 107
   Gerettet ..... 108
   Vom Zauberer Frater Saturnius ..... 109

**Vorwort:**

Diese philosophische Zusammenstellung über die Lehre der fünf Elemente habe ich dem Buch „Sämtliche Werke" des großen Paracelsus entnommen und möchte darauf hinweisen, dass seine Worte nicht immer wörtlich zu nehmen sind, sondern durch geeignete Meditation in analoge Richtung gelenkt werden müssen. Er spricht in seinen Schriften von den vier Elementen, erwähnt den Äther und deutet auf die Polaritäten hin. Dies alles muss der Leser mit den drei Ebenen vereinen und hat dadurch ein wunderbar weites Gebiet der Hermetik in allen vier Reichen – der Steine, der Pflanzen, der Tiere und der Menschen – erschlossen.

Wir haben, so gut es ging, alle Lateinischen Begriffe und Worte ins Deutsche übersetzt. Es ist ja bekannt, dass Paracelsus sehr viele „veraltete" Bezeichnungen genommen hat, mit denen er gewisse „Geheimnisse" versinnbildlichen musste. Aber der Leser wird dies durch einiges Nachdenken auch leicht selbst enthüllen können.

# 1. Allgemeines über die Elemente:

Wir wollen nun einige Worte über die vier magischen Elemente und die Elementargeister zu Papier bringen, die der französische Okkultist Eliphas Levi in seinem Werk „Dogma und Ritual" schrieb, welche zahlreiche Analogien zu den Werken von Franz Bardon enthält.
Die magischen Elemente sind:
- in der Alchemie sind es Salz, Merkur, Schwefel und Azoth;
- Makroprosop, Mikroprosop und die beiden Mütter in der Kabbala;
- Mann, Adler, Löwe und Stier in den Hieroglyphen;
- Luft, Wasser, Erde und Feuer ist die volkstümliche Bezeichnung und die Begriffe der alten Physik.

Man weiß, dass in der magischen Wissenschaft Wasser nicht gewöhnliches Wasser, Feuer nicht gewöhnliches Feuer usw. bedeutet. Diese Namen bergen einen höheren Sinn. Die moderne Wissenschaft hat die vier Elemente der Alten zergliedert und darin viele, angeblich einfache Körper gefunden. Einfach ist nur der Urstoff (=Akasha) oder der Stoff an sich, also gibt es nur ein einziges Element und dieses offenbart sich in seinen Formen stets durch die Vierheit. Wir behalten deshalb die von den Alten eingeführte weise Unterscheidung in den elementaren Erscheinungen bei und nennen Luft, Feuer, Erde und Wasser die vier positiven und erkennbaren Elemente der Magie.
Das Feine und das Dichte, das schnell- und das langsamwirkende Auflösungsmittel oder die Werkzeuge der Wärme (Plus) und der Kälte (Minus) bilden in der okkulten Physik die beiden positiven und die beiden negativen Prinzipe der Vierheit, oder das elektrische und magnetische Fluid in seiner Kreuzung.
Luft und Feuer stellen also das männliche Prinzip, den Himmel, dar, Erde und Wasser beziehen sich auf das weibliche Prinzip, dem Planeten Erde, denn – wie wir bereits erwähnt haben – ist das philosophische Kreuz eine primitive und elementare Hieroglyphe.
Diesen vier elementaren Formen entsprechen die vier folgenden philosophischen Begriffe:
- *Geist,*
- *Materie,*
- *Bewegung,*

- *Ruhe.*

Das ganze Wissen des Universums beruht tatsächlich auf dem Begreifen dieser vier Dinge, welche von der Alchimie auf drei (Ebenen) vermindert werden:
- *Das Absolute,*
- *Das Feuerbeständige,*
- *Das Flüchtige;*

und die Kabbala verknüpft sie mit dem Gottesbegriff, denn Gott ist absolute Vernunft, Gesetzmäßigkeit und Freiheit oder der dreifache Begriff, wie es in den okkulten Büchern der Hebräer heißt.

Unter den Namen Kether, Chocmah und Binah für die göttliche Welt, Tiphereth, Chesed und Geburah für die sittliche (mentale) Welt, endlich Jesob, Hod und Netsah für die psychische (astrale) Welt, die mit der Idee des Königreichs oder Malkouts (materielles Reich) enthalten ist.

Die erschaffenen Geister, die Menschen, denen nach ihrer Bewährung Selbständigkeit bestimmt ist, stehen vom Augenblick ihrer Geburt an zwischen jenen vier Kräften, den beiden positiven und den beiden negativen und es bleibt ihnen überlassen, das Gute zu bejahen oder zu verleugnen und Leben oder Tod zu wählen. Das erste Problem, das sie zu lösen haben, ist das Auffinden des festen Pols, d. h. des sittlichen Schwerpunkts des Kreuzes; ihre erste Eroberung muss der Erwerb ihrer eigenen Freiheit bzw. des Gleichgewichtes sein.

Im Anfang werden die einen nach Norden, die andern nach Süden, diese nach rechts, jene nach links getrieben, und solange sie ihre Freiheit nicht erworben haben, können sie keinen Gebrauch von ihrer Vernunft machen und nur tierisches Verhalten annehmen.

Diese unselbständigen, den vier Elementen versklavten Geister werden von den Kabbalisten Elementargeister genannt und bevölkern jene Elemente, die ihrem Dienstgrad entsprechen. Es gibt also Sylphen (Luft-), Nixen (Wasser-), Gnome (Erd-) und Salamander (Feuergeister).

Auch die Annahme der Alten, von den vier Zeitaltern der Welt ist eine Überlieferung der okkulten Metaphysik; nur verschwieg man dem Volk, dass diese vier Zeitalter wie die Jahreszeiten einander folgen und sich erneuern sollten.

Die Elementargeister sind wie die Kinder; sie quälen überdies jene, die sich mit ihnen abgeben, es sei denn, dass man sie durch eine hohe Vernunft und große Strenge beherrscht.

Es sind jene Geister, die wir mit dem Namen okkulte Naturkräfte bezeichnen. Oft veranlassen sie unsere unruhigen und verworrenen Träume, bringen die Bewegungen der Wünschelrute und die Schläge gegen Mauern und Möbel hervor; aber sie können nie einen andern als unseren Gedanken kundtun, und wenn wir nicht denken, sprechen sie zu uns mit der ganzen Zusammenhanglosigkeit der Träume. Indifferent bringen sie Gutes und Böses hervor, weil sie ohne freies Ermessen sind und infolgedessen keinerlei Verantwortung haben. Sie zeigen sich den Ekstatikern und Somnambulen unter unvollständigen und flüchtigen Formen. Das ist es, was die Schreckträume des hl. Antonius und sehr wahrscheinlich auch die Visionen Swedenborgs hervorgerufen hat. Sie sind weder verdammt noch schuldig, sie sind neugierig und schuldlos. Man kann sie brauchen oder missbrauchen wie Tiere oder Kinder. Auch der Magier, der sich ihrer Hilfe bedient, lädt eine furchtbare Verantwortung auf sich; denn er wird jede Untat, die er sie ausführen ließ, büßen, und die Größe seiner Martern wird der Größe der Macht verhältnisgleich sein, die er durch ihre Vermittlung ausübte.

Um die Elementargeister zu beherrschen und so König der verborgenen Naturkräfte zu werden, muss man zuerst die vier Prüfungen der alten Einweihungen bestanden haben, und da es diese Einweihungen nicht mehr gibt, werden sie durch entsprechende Handlungen ersetzt, wie:

- sich ohne Angst einer Feuersbrunst aussetzen;
- einen Abgrund auf einem Baumstamm oder einem Balken überschreiten;
- den Gipfel eines Berges während eines Gewitters besteigen;
- aus einem Wasserfall oder einem gefährlichen Strudel schwimmen;
- wer das Wasser fürchtet, wird nie über die Nixen herrschen;
- wer vor dem Feuer Angst hat, wird nie den Salamandern befehlen;
- solange jemand schwindelig ist, muss er Sylphen und Gnomen ungestört lassen; denn diese unteren Geister gehorchen nur einer Macht, die sich bis in ihr eigenes Element als Meister zeigt.

Wenn man durch Mut und Übung diese unumstößliche Macht erreicht hat, muss man durch besondere Weihen von Luft, Feuer, Wasser und Erde den Elementen das Wort seines Willens auferlegen (Vgl. den „Adepten"!). Und hier liegt der unumgängliche Anfang aller magischen Operationen.

In analoger Weise beschwört man die Elemente, indem man nach den vier Haupthimmelsrichtungen ausatmet und die „Beschwörung" vorträgt.

Dem Luftelement analog zeichnet man mit einer Adlerfeder die Siegel, dem Wasser gemäß mit Salz, dem Feuer mit „Schwefel".

Man muss auch beachten, dass die Gnomen in Norden, die Salamander nach Levi im Süden, die Sylphen im Osten und die Nixen im Westen angerufen werden, denn jede Himmelsrichtung untersteht einem anderen Element. Sie haben Einfluss auf die Temperamente des Menschen, die Gnomen auf die Melancholiker, die Salamander auf die Choleriker, die Nixen auf die Phlegmatiker und die Sylphen auf die Sanguiniker. Ihre Zeichen sind: Die Hieroglyphe des Stiers für die Gnomen, die man mit dem Schwert beherrscht; die des Löwen für die Salamander, denen man mit dem gegabelten Stab oder dem magischen Dreizack befiehlt; die des Adlers für die Sylphen, die man mit den heiligen Pentakeln beherrscht; die des Wassermann endlich für die Nixen, die man mit der Opferschale beschwört. Ihre jeweiligen Herrscher sind Gob für die Gnomen, Djin für die Salamander, Paralda für die Sylphen und Nicksa für die Nixen.

Um die Elementargeister zu bändigen und zu unterjochen, darf man niemals den Fehlern frönen, die sie charakterisieren. So wird ein leichtsinniger und launenhafter Geist niemals die Sylphen beherrschen, nie eine lässige, kalte und wandelbare Natur Herrin der Nixen werden, Zorn reizt die Salamander, und begehrliche Rohheit macht die ihr Unterworfenen zum Spielzeug der Gnomen.

## 2. Die Philosophie des Paracelsus

Es geht darin um den Ursprung und den ersten Anfang aller Geschöpfe. Paracelsus nennt den ersten Anfang „großes Mysterium" (Mysterium Magnum) und gibt an, dass alle Geschöpfe aus diesem großen Mysterium (M. M.) geboren und entsprungen sind. Er gibt mit zu verstehen, dass die Geschöpfe nicht geboren sind, sondern von einer bestimmten Geburt hier sind. Er verteilt sie auf vier Mütter, von denen alle Dinge geboren sind. Der Anfang dieser vier Mütter ist keine Geburt. Er zeigt also in dieser Arbeit an, dass alle Dinge in ihr erstes Wesen zurückkommen. Er gibt auch die Ursache an, warum dies geschieht. Es findet sich in seinem Schreiben, dass dies durch das Ewige, das mit dem Vergänglichen verwandt ist, verursacht wird. Er lässt eine Macht der Ewigkeit, die uns Sterblichen ganz verborgen ist, verstehen. Er zeigt an, wie die Herfahrt und Hinfahrt der Seele sind. Wegen der Beschreibung in dieser Arbeit kann der Fürst Theophrastus ein Wegweiser aller hermetischen Philosophie und ein Anzeiger der philosophischen Wahrheiten mit ganzem natürlichen Grunde genannt werden. Denn er allein zeigt die Bewährung an, die für die Wahrheit ausreichend ist:
Der Anfang aller geschaffenen Dinge, die vergänglich sind, ist gleich gewesen. Alle Geschöpfe, die zwischen den Äthern eingefangen und beschlossen sind, sind hier gemeint. Es soll verstanden werden, dass alle Geschöpfe von einer Materie kommen und nicht jedem eine besondere Materie gegeben wurde. Diese Materie aller Dinge ist das große Mysterium (Mysterium Magnum oder Akasha). Sie kann nicht als Wesen begriffen werden und auch nicht als Bildnis geformt werden. Sie neigt zu keiner besonderen Eigenschaft und ist ohne Farben und ohne elementare Natur. Soweit die Äther reichen, reicht der Kreis des großen Mysterium. Dieses große Mysterium ist eine Mutter aller Elemente gewesen, in der gleichen Weise eine Großmutter aller Sterne, Bäume und der Kreaturen des Fleisches. Denn wie von einer Mutter Kinder geboren werden, so sind auch vom großen Mysterium alle empfindlichen und unempfindlichen Geschöpfe geboren worden. Das große Mysterium ist eine gleiche Mutter aller sterblichen Dinge. Diese haben in ihm ihren Ursprung nicht nacheinander, sondern sie sind in einer Schöpfung, Substanz, Materie, Form, Wesen, Natur und Neigung geschaffen.
Das Mysterium glich keinem Geschöpfe und ist auch kein Geschöpf

gewesen, dennoch ist es die erste Materie gewesen, von der alle Sterblichen ihren Ursprung haben. Dies ist nicht anders zu verstehen, sondern in der gleichen Weise, wie menschlicher Urin aus Wasser, Luft, Erde und Feuer wird, obwohl er keinem Element gleicht und keines ist. Alle Elemente können daraus zum dritten Mal entstehen. Obwohl der Urin ein Geschöpf ist, besteht ein Unterschied. Das große Mysterium ist ungeschaffen vom höchsten Künstler bereitet, und nichts wird ihm gleichen, es kommt auch nimmer wieder. Denn wie ein Käse nicht mehr zu Milch wird, so wenig wird die Generation in ihre erste Materie zurückkommen. Alle Dinge kommen zwar wieder in ihr erstes Wesen, jedoch nicht in das Mysterium. Denn was da verzehrt ist, kann nicht wiedergebracht werden, und es geschieht auch nicht. Es kommt aber in das zurück, was vor dem Mysterium gewesen ist.

Obwohl das große Mysterium eine Mutter aller empfindlich und unempfindlichen Kreaturen gewesen ist, sind doch nicht alle Gewächse, alle Tiere und viel anderes in ihr geformt gewesen. Dabei ist zu erkennen, dass sie allen allgemeine Mysteria gegeben hat, den Menschen und den Tieren das Mysterium, sich selbst ihrer Form zu vermehren, den Einfüßigen ihr Wesen und in der gleichen Weise auch anderen besondere Mysteria, die zu ihrer Form passen. In dieser Weise kann ein Mysterium auch von dem seinen Ursprung haben, von dem anderes geboren werden kann als das Mysterium bestimmt hat. Der Kot ist ein Mysterium der Käfer, Mücken und Fliegen. Die Milch ist ein Mysterium des Käses, der Butter, des Quarkes und dergleichen. Der Käse ist ein Mysterium der Maden und Würmer, wenn in ihm Würmer wachsen. Die Maden wieder sind ein Mysterium seiner Schlacken. So gibt es zweierlei Mysteria, das große als ein ungeschaffenes Mysterium, die anderen als Kindeskinder, und diese nennt man besondere Mysteria.

Da nun aus dem ungeschaffenen Mysterium alle anderen sterblichen Dinge gewachsen und entsprungen sind, ist nun zu verstehen, dass kein Geschöpf früher, später oder gesondert geschaffen wurde, sondern alle miteinander zu gleicher Zeit. Das höchste Arcanum und die größte Güte des Schöpfers haben alle Dinge in dem ungeschaffenen Mysterium geschaffen, nicht in der Form, im Wesen und in der Eigenschaft, sondern alles ist in dem ungeschaffenen Mysterium gewesen, wie ein Bild in einem Holz enthalten ist. Es wird nur dann gesehen, wenn das überflüssige, unnötige Holz weggeschnitten wird. Dann wird das Bild erkannt. Das ungeschaffene Mysterium ist nicht anders zu verstehen, als wenn das Fleischliche und das

Unempfindliche bei der Scheidung in seine Form und Gestalt gekommen ist. Es fehlt kein Span, sondern alles hat eine Form und ein Wesen. Kein Schnitzer einer solchen Teilung wird in ewigen Zeiten mehr gefunden werden, der das geringste und nutzloseste Korn in etwas Nützliches und Lebendiges verwandeln kann.

Es soll also verstanden werden, dass nicht ein Haus aus dem großen Mysterium gezimmert worden ist, dass nicht die Tiere zusammengetragen wurden und auch nicht andere Gewächse. Sondern wie ein Arzt ein Verbindung mit vielen Tugenden zusammensetzt, obwohl es eine einzige Materie ist und keiner Tugend gleicht, die in ihm verborgen ist, so verhält es sich auch mit dem Mysterium. Daher muss man daran denken, dass allerlei Geschöpfe, die in den Äthern sind, in dem großen Mysterium enthalten sind. Sie sind nicht vollkommen in seiner Substanz, seiner Form und in seinem Wesen, sondern sie sind durch eine vollkommene subtile Art, die uns Sterblichen unbekannt ist, in einem Ding enthalten. Denn wir sind alle aus dem Sterblichen geschaffen und sind nicht anders als die Schöpfung des Saturns (Bleis) gewachsen, der bei seiner Scheidung alle Farben und Formen liefert, obwohl keine in ihm sichtbar ist. Da die Mysteria des Saturn solche Schöpfungen zeigen, hat das große Wunder, das große Mysterium, noch mehr in sich. Bei seiner Scheidung erhält man alle Dinge, und nichts bleibt übrig. Es ist ein Werk, bei dem nichts verloren geht, immer erzeugt es ein anderes Gewächs oder eine andere Materie.

Es ist zu erkennen, dass bei dem Schnitzwerk des großen Mysterium mancherlei Abfälle gewesen sind. Etliches ist zu Fleisch in wunderbar vielen Gestalten und Formen geworden, etliches zu Meerwundern von vielerlei Form und Aussehen, etliches zu Kräutern, etliches zu Holz, etliches zu Stein und Metallen. Es ist nicht zu ermessen, wie dies der allmächtige Gott geschnitzt hat; nur so konnte es geschehen, dass er seine Kunst auf zwei Wege brachte. Der eine Weg ist der, dass er das Leben und das Wachsen angeordnet hat. Der zweite Weg ist der, dass nicht nur eine gleiche Materie da ist wie bei einem Bilde, das aus Holz geschnitzt ist und bei dem alle Späne aus Holz sind, sondern dass er durch die Arbeit seiner Hände den Dingen eine Form und Bewegung gegeben hat.

So ist das große Mysterium geteilt worden und daraus ist alles übrige geschnitten worden. Aus diesem ist etwas anderes geworden. Denn das große Mysterium ist nicht elementar gewesen, obwohl die Elemente in ihm waren. Es ist auch nicht fleischlich gewesen, obwohl alle Geschlechter der Menschen darin enthalten sind. Es ist auch nicht Holz und Stein gewesen, sondern es ist eine Materie gewesen, die in sich alle sterblichen Dinge haben konnte. Dabei konnte deren Wesen nicht erkannt werden und bei der Teilung sind jedem Ding sein Wesen und seine Form gegeben worden. Wenn ein Mensch eine Speise, die gegessen wird, einnimmt, so wird Fleisch daraus, obwohl die Speise dem Fleisch nicht gleich sieht. Wenn sie aber fault, wird Gras daraus, dem sie auch nicht gleich sieht. Es sind noch viel mehr solche Wunder im großen Mysterium zu verstehen, und ein Mysterium wird zu Stein, das zweite zu Fleisch, das dritte zu Kraut, dabei haben die Dinge dann wunderbar viele Formen.

Wenn jedes in seiner Form und Eigenschaft geschieden ist, so dass es einen freien Willen und eine eigene Form hat, dann ist die substantielle Materie erkannt worden. Was von fester Art gewesen ist, ist fest geworden und das andere ist wegen der Substanz leer geblieben. Die festen Dinge haben sich zusammengehäuft; daher konnte nicht alles fest werden, sondern der größere Teil ist leer geblieben. Dies wird beim Wasser gesehen. Wenn es koaguliert wird, ist es in einer kleineren Menge fest. So verhält es sich auch bei der Scheidung der Elemente. Alles, was fest werden sollte, ist zu Stein, Metall, Holz, Fleisch und dergleichen geworden. Das andere ist leer geblieben, jedes nach seinem Wesen und den Eigenschaften der Planeten. Dieses große Mysterium ist beim Festwerden nicht anders als ein Rauch gewesen. Dieser ist groß und weit, dennoch hat er nur als Substanz eine kleine Menge Ruß. Der Rest des Rauches ist eine lautere Luft, was bei der Scheidung des Rauches vom Ruß gesehen wird.

Am Anfang aller Geburten ist die Scheidung die Gebärerin und Erzeugerin gewesen. Denn die Scheidung ist das größte Wunder der hermetischen Philosophie. Die Kraft des Menschen reicht nicht aus, darüber zu philosophieren, weil mehr als menschliche und sterbliche Vernunft dazu notwendig ist. Es ist aber zu erkennen, in welcher Weise solches geschehen ist und geschieht. Wenn Essig mit lauer Milch gemischt wird, beginnt in der gleichen Weise eine Scheidung auf vielen Wegen. So ist es auch, wenn ein Truphat (okkulte Kraft der Minerale, welches jedes Metall zu seiner Bestimmung führt) der Erze, einem jeden Metall in sein Wesen schlägt und kommt. Wie eine Tinktur des Silbers einbeizt, so wirkt auch das große Mysterium. Es bestimmt für jedes Ding ein Wesen, und hat so wunderbar geschieden, dass jede Form in ihrem Wesen ist. Wodurch diese magische Kraft so wirken konnte, ist ein besonderes Wunder gewesen. Wenn es göttlich durch die Gottheit geschehen ist, wollen wir nicht philosophieren, denn die Gottheit lässt uns dies nicht erkennen. Ist es aber eine natürliche

Magie gewesen, so ist es eine wunderbare Magie gewesen, ein geschwinder Durchgang, eine behende Scheidung und eine große Tugend, dergleichen die Natur nicht mehr geben oder machen kann. Da ist ein Teil zu Elementen geschieden worden, der zweite zu dem Unsichtbaren, der dritte zu dem Vegetabilischen. Dies alles ist ein besonderes Wunder.

Da nun das große Mysterium voll von solcher Essentia und Gottheit mit einem Zusatz des Ewigen gewesen ist, hat zuerst die Scheidung aller Geschöpfe begonnen. Da ist jedes Geschöpf in seiner Majestät, Gewalt und in seinem freien Willen erfunden worden. Dies wird bis zum Ende aller Dinge so bleiben, das ist bis zur großen Ernte, bei der alle Dinge Früchte tragen und ihre Gewächse schneiden werden. Die Ernte ist nämlich das Ende eines Gewächses. Sie bedeutet nichts anderes als die tödliche Zerstörung aller Dinge. Obwohl es viele gibt, ist doch für alle eine Ernte, bei der alle Dinge der Geschöpfe geschnitten und in die Scheune geführt werden. Wie wunderbar das große Mysterium am Anfang ist, so wunderbar ist auch die Ernte aller Dinge am Ende. Der eine freie Wille der Dinge schadet dem anderen, denn nichts ist ohne Freunde und nichts ohne Feinde. Der freie Willen schwebt allein in der Tugend, der Freunde oder Feinde in den Werken. Dies geht die Scheidung nichts an, denn sie teilt jedem Ding seine Form und sein Wesen zu.

Am Anfang der Scheidung des großen Mysterium hat zuerst die Scheidung der Elemente begonnen, so dass die Elemente zu ihrem Wesen kamen. Das Feuer ist zum Himmel geworden und ein Kasten des Firmaments. Die Luft ist eine Leere geworden, in der nichts zu sehen ist und auch nichts gesehen werden kann. In ihr ist keine Substanz, auch keine körperliche Materie. Sie ist ein Kasten der (fatalischen?) Unsichtbaren. Das Wasser ist zu einer Flüssigkeit geworden. Es hat sich in die Mitte zwischen den anderen Elementen und den Äthern in seine Höhle gesetzt. Es ist ein Kasten der Nymphen und Meerwunder. Das Erdreich ist zu einer Erde koaguliert worden. Sie wird nicht von den anderen Elementen getragen, sondern von den Säulen Archaltis (?). Sie ist ein mächtige Arbeit Gottes und ein Kasten der Gewächse, die sich vom Erdreich nähren.

Diese Scheidung ist der Anfang aller Geschöpfe gewesen und die erste Verteilung aller anderen.

Als die Elemente in ihrem Wesen geschieden und voneinander geteilt waren, jedes an seine Stelle ohne Nachteil für das andere, begann die zweite Scheidung nach der ersten. Es war die Scheidung der Elemente. Alles, was im Feuer gewesen ist, ist in den Himmel verwandelt worden, der eine Teil wurde ein Kasten, der zweite Teil verhielt sich wie eine Blume, die aus dem Stengel hervorwächst. So sind die Sterne, die Planeten und alles, was das ganze Firmament enthält, gewachsen. Sie sind nicht aus dem Element wie der Stengel mit den Blumen aus dem Erdreich gewachsen, denn der Stengel wächst aus dem Erdreich, sondern das Gestirn ist vom Himmel nur durch eine Scheidung geboren, wie die Blumen des Silbers aufsteigen und sich scheiden. Daher sind alle Firmamente vom Feuer geschieden, und bevor das Firmament vom Feuer geschieden war, ist alles das gleiche Element des Feuers gewesen. Im Winter ist ein Baum nur ein Baum, im Sommer aber, wenn er von sich scheidet, was zu scheiden ist, gibt er Laub, Früchte und Blüten. Denn die Zeit der Scheidung ist seine Ernte. So ist auch die Ernte bei der Scheidung des großen Mysterium gewesen, das sich nicht länger erhalten konnte. Dies ist in der gleichen Weise zu verstehen.

Nach der Scheidung der Elemente kam es zur zweiten Scheidung aus der Luft, die zu gleicher Zeit und in gleicher Weise wie die des Feuers war. Denn die Luft ist für alle Elemente bestimmt. Sie ist nicht im anderen Element gemischt, aber sie nimmt Verschiedenes in allen Elementen auf und besitzt es. Sie besitzt dann nicht das, was sie vorher besessen hat. Es ist keine Vermischung der Elemente geblieben, sondern jedes Element hat seinen freien Willen und ist mit keinem anderen Element vermählt. Jedes Element ist von dem anderen aus dem großen Mysterium geschieden worden. Von ihm sind dann die Schicksale, die Einwirkungen, die Zaubereien, die Wahnbildungen, die Übel, die Träume, die Wahrsagereien, die Weissagungen, die Visionen, die Erscheinungen, die Fatacesten, die Melosiniae, die Spiritus, die Diemeae, die Durdales und die Neufareni ausgeteilt worden. Nach dieser Scheidung ist jedem der erwähnten Dinge ein eigener Sitz bestimmt worden, auch sein Wesen wurde bestimmt. Daher sind sie unsichtbar, aber wir empfinden sie. Kein subtileres Element als die Luft ist nämlich vom höchsten Arcanum geschaffen worden. Die **Diemeae** wohnen in den harten Steinen, denn sie sind so in die Leere mit der Luft geschieden. Die **Durdales** sind in den Bäumen, denn ihre Scheidung ist so in der Substanz geschehen. Die **Neufareni** wohnen in der Luft der Erde, das ist in den Gängen der Erde. Die **Melosiniae** kommen in das menschliche Blut, denn ihre Scheidung in der Luft ist im Körper und Fleisch. Die Spiritus sind in der Luft geschieden, die im Chaos (=Akasha) ist. Alle anderen wohnen und sind in einem besonderen Wesen der Luft, jedes an dem Ende, wo es geschieden und vom Element der Luft geteilt

wurde. Dennoch muss es in der Luft bleiben und kann dies nicht ändern.
Bei der Scheidung der Elemente ist das Wasser an seinen Ort, wie es im Arcanum bestimmt gewesen ist, abgesondert worden. Alles, was in seiner elementaren Kraft und Eigenschaft gewesen ist, ist für die zweite Scheidung geschieden worden. So ist das Wasser in viele besondere Mysteria gesondert worden, die alle im Element des Wassers ihre Mutter haben. Ein Teil ist bei der Scheidung zu Fischen in verschiedener Form geworden. Ein Teil ist zu Tieren mit Fleisch geworden, ein Teil zu Salz, ein Teil zu Meeresgewächsen, wie zu Korallen, Trina und Citrones, ein Teil zu Meerwundern, die gegen den Lauf aller Elemente sind, ein Teil zu Nymphen, ein Teil zu Sirenen, ein Teil zu Drames, ein Teil zu Lorind, ein Teil zu Nesder, ein Teil zu vernünftigen Kreaturen, die etwas Ewiges in ihren Leibern haben und sich selbst gebären. Ein Teil stirbt vollkommen aus und ein Teil wird mit der Zeit noch geschieden werden. Denn die vollkommene Scheidung des Elementes Wasser ist noch nicht in ausreichender Weise geschehen. Es kommt in die große Ernte. Jedes Jahr entspringen neue Gewächse in dem Element Wasser. Diese Scheidung ist bei der Scheidung der anderen Elemente in einem Tagwerk und bei der Bewegung der Sonderung geschehen. Jedes Ding, das im Wasser ist, ist durch eine Scheidung zu gleicher Stunde geschaffen und eröffnet worden.
Als desgleichen das Element der Erde von den anderen geschieden wurde, ist auch die irdische Scheidung geschehen, das ist die Scheidung aller Dinge, die in oder aus dem Erdreich entspringen oder entsprungen sind. Die vier Elemente sind in allen Dingen in ihrem ersten Geschöpf, in dem großen Mysterium gleich gewesen. Sie sind auch in der gleichen Weise und zu gleicher Zeit geteilt worden. Sie sind auch für ihre zweiten Teilungen geteilt worden die elementare Teilungen geheißen werden. Bei dieser elementaren Teilung sind aus dem Element Erde empfindliche und unempfindliche, ewige und nicht ewige Dinge geschieden worden. Jedes hat sein Wesen und seinen freien Willen erhalten. Was von der Art des Holzes gewesen ist, ist zu Holz geworden, der zweite Teil ist zu metallischem Erz geworden, der dritte zu Marcasita, zu Talk zu Wismut, zu Granat, zu Kobalt, zu Kies und zu anderen Dingen mehr, der vierte zu Edelsteinen in viel Gestalt und vielerlei Form, manches zu Stein, zu Sand und zu Kalk, der fünfte zu Früchten, zu Blumen, zu Kräutern und zu Samen, der sechste zu empfindlichen Tieren, manche von diesen mit dem Ewigen wie die Menschen, manche mit dem Sterblichen wie die Kälber etc. Mehr als von allen anderen Elementen ist vom irdischen Element

geschieden worden. Denn da sind alle Dinge mit Samen, alle Dinge sind von zweien, von Vater und Mutter geboren. Bei anderen Elementen ist dies nicht so geteilt und bestimmt. Denn hier sind auch Gnomen, auch wilde Leute, auch Nachtfrauen geschaffen und geteilt. Manche sind in den Bergen, manche in den Wäldern, manche nur in der Nacht. Da sind auch Riesen bei der dritten Geburt geschieden worden, da sind auch große Essentiae, große Wunder unter den Menschen, unter dem Vieh und unter allen Gewächsen, was jede Philosophie nur mit Verwunderung verstehen kann, und es ist zu erkennen, dass alles unnatürlich geschehen ist.

Es ist gemeldet worden, dass die vier Elemente von Anbeginn voneinander aus einer Materie geschieden wurden, in der ihre Zusammenfassung und ihr Wesen nicht gewesen sind. Die Zusammenfassung und die Natur sind bei der Scheidung entstanden. Das Heiße und Trockene ist den Himmeln und im Kosmos, jedes in seiner Eigenschaft, zugeteilt worden. Das Heiße und Feuchte ist für die Luft bestimmt worden, aus der das Heiße und das Feuchte unsichtbar geschieden worden sind. Das Kalte und Nasse gehört zum Meer und seinem Anhang, das Kalte und Trockene zur Erde und zu allem, was in ihr ist. So sind widerwärtige Dinge aus den Elementen geschieden worden und gewachsen, die dann ihrem Element nicht gleichen. Der Kalkstein ist in seiner Natur nicht Feuer, obwohl er vom Feuer stammt. Dies hat die Zerstörung bei der Scheidung des Elementes bewirkt, und der Kalkstein ist zu weit von der Natur des Feuers abgekommen. Dieses Feuer hat das Kalte und Nasse in sich, denn es gibt verschiedene Feuer. Auch die Farben des Feuers sind nicht gleich. Das eine Feuer hat eine weiße und blaue Farbe, das trockene Feuer eine rote und grüne, das nasse eine graue und schwarze, das kalte Feuer eine gelbe und rote. Deshalb ist ein Geschöpf heißer als das andere, weil das eine Feuer in einem höheren Grade als das andere war. Es war nicht nur ein Feuer, sondern es waren viele Hunderte Feuer und keines war in dem gleichen Grade wie das andere. Daher hat jedes sein besonderes Geschöpf als eigenes Mysterium bestimmt, und es ist von ihm geschieden.

Das Wasser ist in seiner Komplexion (Zusammenfassung) nicht gleich in einer Gestalt gewesen, denn viele tausenderlei Wässer sind in dem Element Wasser gewesen, und doch war alles Wasser. Der Hermetiker hat nicht zu erkennen, dass das Element des Wassers allein aus sich kalt und feucht ist, sondern viel hunderte Male ist es kälter und nicht nässer, und nicht dazu, ob warm oder kalt. Nicht nur das Element Wasser lebt oder ist in dem Kalten und Nassen im gleichen Grade, sondern es ist in verschiedenem Grade.

Manche Wässer werden zu verschiedenen Brunnen, manche zu wunderbaren Meeren, manche zu Bächen, von denen keiner dem anderen gleicht, manche Wässer werden zu Steinen wie zu Beryllen, Kristallen, Calcedonen und Amethysten, manche zu Gewächsen, wie zu Korallen und Carabe, manche zu Chymus, wie der Lebenssaft, manche zum Safte der Erde (Liquor terrae) im Erdreich. Alle sind das Element Wasser in verschiedener Gestalt. Manche von der Erde wachsen mit verlassenen Samen, sie sind auch aus dem Element des Wassers. Manche werden zu Fleisch, wie die Nymphen, sie sind auch aus dem Element des Wassers. Es soll verstanden werden, dass das Element des Wassers in eine andere Komplexion verändert wird, doch es kommt nicht von seinem Element, von dem es stammt. Denn was vom Wasser ist, wird wieder zu Wasser. Was vom Feuer ist, wird wieder zu Feuer. Was von der Erde ist, wird wieder zu Erde. Was von der Luft ist, wird wieder zur Luft.

In der gleichen Weise ist vom Element der Erde zu erkennen, dass alle Erdreiche vom Element der Erde entstanden sind und seine Natur haben. Obwohl die Flüssigkeiten der Minerale für Feuer gehalten werden, so sind sie doch nicht Feuer. Denn der Sulfur brennt nicht aus dem Grunde, weil er vom Element des Feuers ist, sondern das Kalte brennt wie das Warme. Was zu Asche verbrennt, ist nicht das Element des Feuers, sondern das Feuer der Erde. Dieses Feuer soll nicht als Element erkannt werden, denn es ist kein Element. Es ist nur die Verzehrung der Erde oder deren Substanz. Das Wasser kann auch brennen und zum Brennen gebracht werden, wie etwas anderes. Wenn es aber brennt, ist es ein wässeriges Feuer. Weil das Feuer der Erde brennt und heiß ist, soll es trotzdem nicht für ein Feuer gehalten werden, obwohl es diesem gleicht. Denn der Hermetiker ist einfältig, der das ein Element nennt, wie er es empfindet. Er soll daran denken, dass das Element ganz anders ist als dieses Feuer. Warum? Nicht alles, was da netzt, ist das Element des Wassers, denn auch das Element der Erde kann zu Wasser gebracht werden und ist doch immer nur Erde. Alles, was in der Erde ist, ist vom Element der Erde. Es wird dabei in der Eigenschaft erkannt, da es von dem, dem es gleicht, geboren ist. Der harte Kieselstein und Chalcedon geben Feuer. Dieses Feuer ist nicht ein elementares Feuer, sondern eine zufällige Wirkung der großen Härte.

Das Element Luft hat in sich vielerlei Geschöpfe und alle sind nur Luft. Jeder Hermetiker muss wissen, dass kein Element etwas anderes schafft, nur das, wie es an sich selbst ist. Denn Gleiches wird immer aus ihm geboren. Die Luft ist unsichtbar, daher gibt sie nichts Sichtbares. Sie ist auch nicht greifbar, darum gibt sie nichts Greifbares. Melosinia ist von Luft und eine Luft nichts anderes. Es ist da eine Verbindung mit einem anderen Element, das ist mit Erde. Von der Luft kann dem Menschen durch Übel, Beschwörungen und durch die Spiritus etwas zugefügt werden. In der gleichen Weise sind die Wasserfrauen zu verstehen. Sie sind nur vom Elemente des Wassers, doch sie können sich unter die Irdischen mischen und mit ihnen gebären. So wächst auch eine feste Masse aus der Luft, und diese Masse ist dann sichtbar und greifbar. Sie ist keine Schöpfung der ersten Teilung, sondern etwas Folgendes. Wie ein Käfer aus dem Dreck wachsen kann, so kann auch ein Missgewächs aus dem Element Luft zu einer körperlichen Gestalt kommen mit luftigen Reden, Gedanken und Taten, und Vermischung mit den Irdischen. Solche Wunder und Folgerung werden wieder zu Luft, die Nymphen werden wieder zu Wasser, wie der Mensch zur Erde fault und verzehrt wird, der dann von der Erde kommt.

So sind die Geschöpfe entstanden, eines aus dem anderen durch die große Scheidung. Aus diesen Geschöpfen entstehen andere, die ihre Mysteria in diesen Geschöpfen haben. Es kommt nicht zu einer Scheidung wie früher, sondern sie entstehen als eine Irrung, als Missgewächs, als ein Überfluss oder als eine Ernte. Der Donner kommt aus den Geschöpfen des Firmaments, das von dem Elemente Feuer kommt. Er ist eine Ernte des Gestirns zur Zeit, wenn der Donner reif ist, seine Natur zu zeigen. Aber die zauberhaften Gewitter entstehen aus den Lüften und verschwinden wieder in der Luft. Nicht das Element Luft gebärt sie, sondern die Geister der Luft tun es. Manche empfangen etwas körperlich vom Feuer wie die Gnome von der Erde. Die Kotarten stammen von Menschen und Tieren, nicht von der Erde. Der Lorind entsteht aus den Geschöpfen des Wassers und ist doch nicht aus Wasser. Aus solchem Überfluss, Irrtum und durch solche Ernte werden viele Dinge geboren. Durch solche Einwirkungen entstehen verkehrte Menschen, Würmer und viele solche Gewächse. Aus bösen Gewittern wachsen Vergiftung der Länder, großes Sterben und viele Verhinderung der guten Jahre. Aus dem Kot nehmen die Käfer, Raupen und Dalni (?) ihren Ursprung. Aus dem Lorind zeigt sich eine Prophezeiung dieser Gegend, ein Vorbote einer großen neuen Geschichte oder einer seltsamen unerhörten zukünftigen Sache.

Es ist zu verstehen, dass dreierlei verschiedene Scheidungen aus dem Mysterium geschehen sind. Nun ist die vierte und letzte Scheidung zu erkennen, auf die keine andere mehr folgt. Es werden auch die anderen zerbrechen und bleiben kein Mysterium mehr. Dadurch kommen alle Dinge wieder in ihren ersten Anfang, und es bleibt nur das, was vor dem großen Mysterium gewesen ist, und ewig ist. Es ist nicht so zu verstehen, dass ich zu etwas komme oder dass nach der letzten Scheidung durch den Tod etwas aus mir wird. Denn ich werde zu Nichts und aus dem Nichts bin ich am Anfang entstanden. Alle Dinge kommen zu ihrem wieder ersten Anfang, und dies geschieht so: Wenn sie zu nichts werden, sind sie bei ihrem Ersten, denn das Erste ist beim ersten Anfang zu suchen. Aber alles, was zu Nichts wird, sind Geheimnisse. Die Seele in mir ist aus Etwas entstanden, daher wird sie nicht zu Nichts, denn aus dem Etwas stammt sie. Aber aus solchem Nichts wird nichts, und nichts wird, mehr daraus geboren. Ein Bild, das auf eine Tafel gemalt wird, ist da und es ist auch aus Etwas gemacht. Aber wir sind nicht wie das Bild aus einem Etwas in dem Äther gemacht. Warum? Wir entstehen aus dem großen Mysterium und nicht aus einem Geschaffenen. Zu Nichts werden wir, und das Bild, das wieder abgewischt wird, ist nicht mehr da. Dann ist die Tafel wieder in ihrer ersten Gestalt. So werden alle Kreaturen zu ihrer ersten Stätte, das ist zu dem Nichts, kommen. Es ist zu wissen, aus welcher Ursache alle Körper wieder zu Nichts werden. Es geschieht nur wegen des Ewigen, das sich in den unvernünftigen Körpern befindet. Diese letzte Scheidung ist die letzte Materie. Es geschehen da viele Schöpfungen, Mischungen, Verkehrungen, Verwandlungen und Änderungen und dergleichen viel anderes mehr, doch die Menschen können sie nicht erkennen.

Ein Hermetiker kann erkennen, dass alles, was dem Vergänglichen hilft, auch vergänglich ist. Was geteilt wird, kann nicht wieder zusammenkommen. So kann die zerronnene Milch nicht wieder zu einer ganzen werden. Es ist also auch zu philosophieren, dass das große Mysterium in das Nichts wieder kommt, aus dem es gekommen ist. Daher ist zu verstehen, dass alle Kreaturen ein Bild des höchsten Arcanum sind, und eine angeworfene Farbe an der Wand ist nicht anders. Denn wir stehen in dem Äther und eines wird wie das andere vertilgt und zunichte gemacht. Auch die Tafel des Bildes ist vergänglich und verbrennbar. So ist auch unser großes Mysterium und wir mit ihm. Alle Dinge der Kreaturen vergehen mit dem Mysterium, sie werden ausgewischt und gemindert wie ein großer Wald. Dieser wird zu wenig Asche, diese Asche wird zu wenig Glas, dieses Glas wird zu einem kleinen Beryll und der Beryll zu einem Winde. So werden wir von einem Ding zum andern verzehrt, bis nichts mehr an uns bleibt. Denn wie die Herkunft aller Kreaturen ist, so ist auch ihr Hingang. Aus einem kleinen Korn kann eine große Zypresse wachsen, und diese kann wieder so klein werden wie ihr erstes Korn. Denn das Korn und der Beryll verhalten sich gleich. Wie der Samen anfängt, so endet der Beryll. Wenn die Scheidung geschehen ist, ist jedes in seinem Wesen, im ersten Anfang, als ein Nichts. Zwischen den Äthern ist dann nichts Unewiges mehr, sondern alles ist ohne Ende. Denn das, von dem das Unewige stammt, ist dann mehr als vor dem Anfang der Kreaturen und es hat keine Vergänglichkeit in sich. Wie ein Glas nicht durch eine Kreatur verzehrt werden kann, so kann dieses ewige Wesen nicht durch das Ewige vernichtet werden.

Da die also letzte Scheidung eine Zerstörung aller Geschöpfe ist, da eines nach dem anderen verzehrt wird und schwindet, wird die Zeit solcher Dinge erkannt. Denn nach der Geburt der Geschöpfe entsteht nichts Vergängliches in ihnen, weil der Samen die Aufgabe des Vergangenen erfüllt. Etwas Ewiges wäre immer in dem Vergänglichen, wenn der Hermetiker den Samen erneuern könnte. Denn kein Samen kann Ewiges verlassen, wohl aber Faulendes. Das Ewige ist nämlich für das Ewige bestimmt. Nur der Mensch hat unter allen Geschöpfen das Ewige in dem Vergänglichen in sich. Da also etwas Vergängliches und Ewiges beieinander sind, ist zu erkennen, dass das Vergängliche dem Magen ein Wesen bereitet, den Leib zu erhalten. Dies ist nur deshalb so, weil das Ewige vom Menschen ewig lebt und das Vergängliche abstirbt. Wie der Leib ist, so ist das Ewige, das von diesem Leib kommt. Man muss sich wegen der ganzen hermetischen Philosophie wundern, dass etwas Vergängliches das Ewige meistern und nach seinem Wohlgefallen führen soll. Das Ewige steht also dem Menschen frei zu seiner Verfügung. Daher hat er mehr Gewalt über das Ewige als der, von dem das Vergängliche und Ewige hier sind. Es ist zu merken, dass alle vergänglichen Kreaturen beieinander wohnen, vernünftige und unvernünftige. Je eine nützt der anderen, und alles Vergängliche ist in der Gewalt des Ewigen. Daher lehrt die Philosophie, dass alles, was miteinander ohne Zank und Krieg, ohne Falschheit und Trug, ohne Gutes und Böses wohnt, nicht verzehrt werden kann, sondern dass je eines gegen das andere ist. In denen, in welchen das Ewige nicht ist, wird kein Urteil gefunden, in denen das Ewige ist, kann das Urteil nicht fehlen. Wenn also da Zwietracht herrscht, muss je ein Ewiges dem anderen Rechenschaft ablegen und die Schuld begleichen, die einem von dem anderen zugefügt wurde. Da das Beschuldigen Sache des Ewigen ist, geschieht es nicht von dem Vergänglichen. Denn obwohl die Körper sich miteinander vertragen und sich selbst vereinigen, so bleibt doch etwas übrig, und dies ist das Ewige. Daher richtet nur das Ewige in uns, wenn Rechenschaft abgelegt werden muss. Alle vergänglichen Dinge, die das Ewige in sich haben, werden dann gezwungen zu sterben, so dass nur das Ewige ohne den Leib bleibt und vor dem Gericht erscheint. Es ist nur etwas Ewiges am letzten Ende alles Absterbens. Wenn also die, die das Ewige in sich haben, abgestorben sind, bleibt nichts, nur das Ding, das das Ewige in sich gehabt, geführt und genährt hat. Denn was nicht nützlich ist, bleibt nicht in der Kreatur. Nur wegen des Ewigen sind sie da. Daraus folgt, dass alle Dinge, die das Ewige in sich haben, zergehen und mit allem absterben. Das Ewige allein stirbt nicht. Daher wird das Ende der körperlichen Dinge gefunden und alle Dinge werden ein Nichts. Sie werden von ihrem Wesen zu dem Nichts geschieden, das ist von Etwas zu Nichts. Aber im Menschen fehlt die vollkommene Scheidung des Ewigen von dem Sterblichen. Es wird da das Gericht gefunden, das allen, die zwischen den Äthern sind, die Vergänglichkeit aller Dinge anzeigt. Wenn also keine Rechnungen für das Vergängliche gefunden würden, wäre nichts Vergängliches in den Geschöpfen, sondern alle wären ewig. Da wir Sterblichen nicht das Recht unter uns haben, da wir nicht das richtige Urteil abgeben und da wir nicht die Gewalt haben, das Ewige zu beurteilen, so muss dies in dem Ewigen geschehen. Da dies geschehen soll, so müssen wir alle zusammenkommen, und so kommt es zum Untergang aller Dinge.

Wenn nun also alle Dinge aus dem ersten großen Mysterium geschaffen sind und vergehen, ist zu merken, dass dies ein großes Mysterium ist. Es ist so, wie wenn aus einem Wort ein Haus würde. Es ist so zu verstehen, dass dies nur in der Macht des Höchsten ist, wie wenn ein Mensch ein Feuer machen kann, wo keins ist. Denn der Kieselstein hat kein Feuer, obwohl er Feuer gibt. Es ist zu erkennen, dass in dem großen Mysterium alle ersten Mysteria liegen und gewesen sind, in dreifacher Weise, für die vegetabilischen Dinge, für die elementaren und für die empfindenden. Es sind viele Hunderte und viele Tausende für die vegetabilischen Dinge gewesen. Jedes Geschlecht hat im großen Mysterium sein besonderes Mysterium gehabt. Nur vier sind für die Elemente gewesen, denn diese haben nur vier Anfänge, für die Menschen aber sind viele Hunderte gewesen. Die Loripedes haben ein besonderes, die Cyclopes ein besonderes, die Gigantes ein besonderes, die Mechili ein besonderes, in der gleichen Weise, die in der Erde wohnen, die in der Luft wohnen, die im Wasser wohnen und die im Feuer wohnen. Alle Gewächse, jedes Geschlecht hat im großen Mysterium ein besonderes Mysterium gehabt, in der gleichen Weise auch alle Geschöpfe. Es gibt verschiedene Bäume, ebenso viele Menschen und ebenso vielerlei Mysteria. Nur das Ewige im Menschen regiert im Mysterium, in keinem mehr als in dem anderen. Im großen Mysterium ist kein Geschlecht dem anderen ungleich gewesen, wenn es auch in hundert und viel mehr Formen und Farben gewesen ist. Alle solche Dinge müssen doch vergehen. Was daraus weiter werden kann, das lassen wir bleiben, denn unmöglich ist ein neues großes Mysterium, es sei denn, dass es viel seltsamer würde, was wir wegen des großen Wunders nicht spekulieren können.

### Die erste Materie der vier Elemente.

Da also etwas gewesen ist, was zur Scheidung gekommen ist und wodurch alle Dinge geschaffen wurden, ist zuerst eine Unterscheidung der Götter zu verstehen, und das ist so. Das Geschöpf ist geteilt, das eine in ein Ewiges, das andere in ein Vergängliches. Daraus geht hervor, dass ein anderer Schöpfer der Mysteria gewesen ist und nicht der Höchste, da der Höchste ein Richter und Strafer aller Geschöpfe sein soll. Man erkennt, dass den Geschöpfen erlaubt ist, Gutes und Böses zu tun. Das Geschöpf wird zu Bösem durch das Gestirn und Schicksal gereizt, angefochten, verursacht, vergewaltigt und genötigt. Wenn das Geschöpf vom Höchsten käme, könnte es nicht sein, dass er so unsere Eigenschaften zu Gutem oder zu Bösem zwingen würde, sondern es wäre dem freien Willen ohne Beeinträchtigung überlassen, da das Geschöpf nicht genügend erkennen kann, was gut und böse ist, was ewig und sterblich ist. Manche sind Toren und Narren und unter tausend Leuten ist kaum ein Weiser, sondern es sind falsche Propheten, Lügendoktoren und unwissende Meister. Von dem Geschöpf werden sie für vornehm gehalten, sie sind es aber nicht. Wir sind ein Geschöpf, das nicht vollkommen gut von den Meistern gemacht wurde, sondern das mehr von vergänglichen Göttern gemacht wurde, die im großen Mysterium Gewalt gehabt haben. Durch das Ewige wurde ihnen und uns ein Urteil bestimmt.

Bei der Scheidung wird also erkannt, dass nur auf vier Dingen alle Geschöpfe haben beruhen müssen und aus ihnen kommen. Diese vier sind Mütter aller Geschöpfe und werden Elemente genannt. Obwohl noch jedes Geschöpf ein Element ist oder etwas von einem Element anhangen hat, kann es doch nicht als Element, sondern als ein Geist des Elements angesehen werden. Es kann nicht ohne das Element bestehen, es muss ein

Element haben. Sie können auch nicht beieinander stehen, denn kein Ding kann aus vier Elementen oder aus drei oder aus zwei bestehen, sondern es ist nur ein Element und jedes Geschöpf hat nur ein Element. Es ist ein blinder Verstand, das Nasse für das Element Wasser zu halten oder das Brennende für das Element Feuer. Denn nicht aus dem Körper, der Substanz oder nach der Geschicklichkeit soll das Element verstanden werden. Denn was da sichtbar ist, das ist nur die Einfassung und das Element ist ein Geist. Er lebt in den Dingen wie eine Seele im Leib. Die erste Materie der Elemente ist unsichtbar und ungreifbar, doch sie ist in allen Dingen. Die erste Materie der Elemente ist nichts anderes als das Leben, das in den Geschöpfen ist. Was tot ist, ist in keinem Element mehr, sondern es ist in der letzten Materie, in der kein Wert, keine Tugend und keine Kraft mehr sind.

Die vier Mütter als die vier Elemente sind alle Dinge zu erschaffen gewaltig gewesen. Nun ist weiter zu merken, dass die vier Elemente für alle Dinge ausreichten, dass nicht mehr und nicht weniger notwendig waren. In den sterblichen Dingen können nämlich nicht mehr als vier Naturen sein. Aber in den unsterblichen Dingen können die Temperamente stehen und nicht die Elemente. Denn was ein Element ist, das ist zerbrechlich. Was aber die Temperatur ist, das hat keine Zerbrechlichkeit in sich. Es ist so gestaltet, dass ihm nichts abgeht noch zugeht, nichts fault und nichts verdirbt. Wenn also das sterblich geschaffen ist, so ist zu erkennen, dass es nur vier Naturen hat, und jede Natur hat den Namen ihres Elements. Also das Heiße ist ein Element des Feuers, das Trockene ein Element der Erde, das Nasse ein Element des Wassers und das Feuchte ein Element der Luft. Dabei soll verstanden werden, dass jede der vier Naturen besonders ist. Das Feuer ist nur heiß und nicht trocken oder feucht. Die Erde ist nur trocken und nicht kalt oder feucht. Das Wasser ist nur nass und nicht heiß oder kalt. Daher werden sie Elemente geheißen, denn sie sind nur in einer Natur und nicht zweifach. Ihre Erklärung in allen Geschöpfen soll erkannt werden, wie ein Element mit der Substanz und mit dem Körper sich verhält und wie es da arbeitet. Der höchste Verstand der Elemente ist so, dass sie nur eine Natur ohne schädigenden Zusatz der Feuchtigkeit oder Kälte und der Trockenheit oder Hitze haben. Denn solches ist den Geistern möglich und jeder Geist ist in der Natur einig und nicht zweifach (Der Geist ist unsterblich! Der Hrsg.). So sind auch die Elemente.

Obwohl in uns Sterblichen zusammengesetzte Dinge wie Warm und Feucht sind, sind sie nicht so zu verstehen, wie sie die alten Ärzte beschreiben.

Denn die Kolik ist aus dem Element des Feuers und sie ist nicht zweifach. Sie ist nicht heiß und trocken, sondern sie ist nur heiß. So sind auch die anderen Zusammensetzungen. Wenn eine Krankheit mit Hitze und Trockenheit bemerkt wird, ist daran zu denken, dass an diesem Orte zwei Elemente sind, eines in der Leber, das zweite in der Milz und so auch in anderen Gliedern. Zwei Elemente sind aber nicht in einem Glied. Denn es ist möglich, dass in jedem Glied ein besonderes Element wohnt (das empfehlen wir den Ärzten). Es kann aber nicht gesagt werden, dass zwei Elemente beieinander sein können oder dass ein Element heiß und feucht ist. Es kann da keine Zusammensetzung geschehen, denn die Elemente sind ohne Zusammensetzung, wie oben gesagt wurde. Denn wo Hitze ist, da ist keine Kälte, keine Trockenheit, keine Nässe. Desgleichen wo Kälte ist, da ist keines von den anderen. So verhält es sich auch mit der Nässe und Trockenheit. Denn jedes Element ist in sich selbst einfach und nicht durch eine Zusammensetzung zweifach. Es ist zu erkennen, was unsere Philosophie von der Möglichkeit der Vereinigung der Elemente hält. Das Heiße und das Nasse können nicht beieinander sein. Das Element des Wassers duldet nämlich nicht die Hitze. Es kann auch keine Hitze in der Nässe sein, denn jedes ist ein besonderes Element. Die Kälte kann in der gleichen Weise nicht die Trockenheit in sich leiden, sondern die Kälte will selbst unbefleckt sein. Dies wird vom eigenen Wesen der Elemente gesagt. Jede Trockenheit ist eine Zerstörung der Kälte. Denn so wenig Nässe und Trockenheit sich vereinigen können, so wenig können auch die Kälte und Trockenheit, die Nässe und Wärme oder Hitze zusammenkommen oder beieinander sein. Denn wie Hitze und Kälte in Zwietracht leben, so verhalten sich auch Kälte und Hitze gegen Nässe und Trockenheit zwieträchtig.

Es ist aber falsch, wenn man glaubt, dass die Elemente sich vereinigen müssen, weil alle Dinge aus den vier Elementen geschaffen sind. Denn jede Vereinigung ist eine Zusammensetzung. Wenn sie zusammengesetzt sind, können sie nicht ein Mysterium sein, denn jedes Mysterium ist einig und ein Element. Aber der Unterschied zwischen den Elementen und zusammengesetzten Dingen ist so: Das Element hat, wie das Mysterium Verschiedenes zu erzeugen. Das Zusammengesetzte hat nur seinesgleichen zu gebären, wie Menschen Menschen machen. Das Mysterium erzeugt nicht ein gleiches Mysterium, sondern ein widerwärtiges als Verschiedenes. Das Element Feuer ist eine Gebärerin der Sterne, Planeten und des ganzen Firmaments, aber es gleicht doch keinem von diesen in der Form. Das

Element Wasser hat das Wasser geliefert, das dem Element des Wassers gänzlich widerwärtig ist, denn es ist weniger nass als das Element des Wassers selbst. Denn das Element des Wassers ist so nass, dass es Steine und härtere Metalle weich macht. Diese große Weichheit wird ihm durch das substantielle Wasser genommen, so dass seine Kraft nicht vollkommen ist. Das Element Luft ist so trocken, dass es in einem Augenblick alle Wässer eindorren lässt. Diese Eigenschaft ist aber dem Element genommen und es ist mit der substantiellen Luft gemischt. Das Element der Erde ist so kalt, dass es alle Kreaturen zur letzten Materie bringt, das Wasser zu Kristall, die zu Duftstein, die Tiere zu Marmor, die Bäume zu Reisern. So ist ein Grund die Elemente zu erkennen, denn sie haben so starke und große Wirkungen, dass ihresgleichen nicht gefunden und nicht erkannt werden kann. Die Dinge, in welchen sie wohnen, sind von ihnen angezogen und wie ein Schicksal, das körperlich wird, genommen. Dann haben sie nicht mehr die gleiche Kraft wie früher.

Damit besser verstanden werde, was ein Element ist, sage ich, dass ein Element nichts anderes als eine Seele ist. Sein Wesen ist zwar nicht wie eine Seele, doch es gleicht der Seele. Denn es besteht ein Unterschied zwischen der Seele des Elements und zwischen der ewigen Seele. Die Seele der Elemente ist das Leben aller Geschöpfe. Das Feuer, das da brennt, ist nicht das Element des Feuers, wie wir es sehen, sondern die Seele, die darinnen ist, uns unsichtbar, ist das Element Feuer und sein Leben. Das Element des Feuers kann aber in einem grünen Holze wie in dem Feuer sein. Aber das Leben ist nicht da, wie in dem Feuer. Daher besteht ein Unterschied zwischen der Seele und dem Leben. Denn wenn das Feuer lebt, so brennt es. Wenn es aber in der Seele ist, das ist in seinem Element, so ist es ohne Brennen. Wenn ein Ding kalt ist, ist es deshalb noch nicht vom kalten Element, sondern mehr vom heißen. Viel Kaltes ist vom Element des Feuers hier. Denn was da wächst, ist aus dem Element Feuer, aber in einer anderen Form. Was da fest ist, ist vom Element Erde. Was nährt, ist vom Element der Luft. Was da verzehrt, ist vom Element des Wassers. Das Wachsen ist nur Sache des Elements Feuer. Wenn das nicht da ist, ist kein Wachsen da. Wenn das Element der Erde nicht wäre, gäbe es kein Aufhören beim Wachsen. Denn es fixiert, das ist, es macht dem Element Feuer ein Ende. So auch wenn das Element der Luft nicht wäre, könnte nichts geführt werden, denn nur durch die Luft werden alle Dinge ernährt. Es möchte auch nichts zerbrochen noch verzehrt werden, wenn das Element des Wassers nicht da wäre, denn durch das Element des Wassers werden alle

Dinge getötet oder zunichte gemacht.

Da aber die Elemente für uns ganz unsichtbar und unmerklich in den anderen Dingen verborgen sind, so haben sie doch andere Mysteria auszuteilen. So hat das Element Feuer das Firmament von sich ausgeteilt, aber nicht mit den Körpern, sondern nur mit dem elementaren Wesen. Die Sonne hat einen anderen Körper als den vom Element des Feuers, aber in ihr ist das Element wesentlich mit der Hitze. Ihre Hitze hat nicht den Ursprung vom Laufen, sondern von sich selbst; und wenn sie schon stille steht und sich nimmer rührt, so hat sie doch ihren Schein mitsamt der Hitze. Denn die Kristalle vom Element des Feuers haben die Sonne geliefert. In ihr ist kein anderer Körper, nur der, den sie vom Element des Feuers empfangen hat, denn von diesem haben die Elemente ihre Körper erhalten. Der Mond und andere Gestirne haben auch im Elemente Feuer ihren Ursprung, jedoch in der Rubinfarbe, in der keine Hitze und keine brennende Art sind, sondern nur ein toter Schein. Obwohl mancherlei Zeichen nach Formen und Gestalten im Himmel sind, die wir hier nicht melden, sind diese Formen wie bei uns auf der Erde zu verstehen, es sind nur viele, von denen uns manche bekannt und manche unbekannt sind. Als das Mysterium des Elements Feuer geteilt wurde, ist alles so geworden, wie wir es sehen. Darum ist das Gestirn eine Tochter des Elements Feuer und der Himmel ist nichts anderes als ein Chaos, das ist ein Dunst vom Firmament, so heiß, dass es nicht zu erzählen ist. Diese Hitze liefert Himmel, Farben und Gestalten, denn sie ist das lautere Element Feuer an diesem Orte. Dies wird an entsprechenden Stellen noch weiter gemeldet.

Wie das Feuer verschiedene Gestalten und Wesen geliefert hat, so hat sie auch das Element der Luft geliefert. Es besteht ein Unterschied in den Dingen, die von den vier verschiedenen Elementen stammen. Jedes Element hat besondere Dinge geschaffen. Das Firmament gleicht nicht den drei anderen Elementen. Das Schicksal von der Luft gleicht auch nicht den drei anderen. Die Dinge von der Erde können in keiner Weise mit den drei anderen verglichen werden. Die Wasserwunder gleichen ebenso wenig den drei anderen. Denn jedes Element hat Vernünftiges und Unvernünftiges in sich geboren. Der Himmel hat in den Firmamenten verständige Geschöpfe wie das Element der Erde. Auch das Schicksal der Luft ist mit Vernunft und Unvernunft begabt in seiner Signatur. So verhalten sich auch das Wasser und die Erde. Wer will uns als Wahrheit die Dinge unter den vier Elementen zuerkennen, denen der Glauben oder der richtige Weg befohlen ist, oder die allein das Ewige in allen vier Elementen besitzen? Dies lassen wir jetzt fahren. Es kann nicht anders sein, in allen vier Elementen sind Menschen wie in dem einen, das ist im Erdreich. Vom Schicksal aber ist zu erkennen, dass seine Geburt aus dem Element verschieden angezeigt wurde, jedoch ohne Körper und Substanz nach der Eigenschaft der Luft, die mit ihren Wohnungen nicht körperlich ist. Denn manche Dinge sind körperlich und manche sind ungreifbar, je nachdem es verstanden wird.

Wie von einem Samen die Wurzel in vielen Fasern ausgeht, danach der Stengel mit vielen Ästen, dann die Blätter, die Blüten, die Frucht und der Samen, wie dies alles geschieht, so entstehen auch die verschiedenen Schöpfungen aus den vier Elementen. Alle Dinge von einem Element hängen miteinander zusammen wie das Kraut von einem Samen, obwohl sie doch nicht dem Samen gleichen. Vom Wasser sind manche Menschen, manche Tiere und manches zu ihrer Gesundheit und Erhaltung geschaffen. Das Element hat die Bezeichnung und Notwendigkeit und seinen Aufenthalt verlassen. Es hat den Lauf und die Zukunft angegeben, was am leichtesten durch das Gestirn erkannt wird. Es regiert und wirkt auch nicht auf uns ein, sondern es läuft gleichförmig mit dem inwendigen Laufe unseres Leibes. Im Wasser geschehen alle Dinge wie in dem Element der Erde. Der Lorind ist eine Bewegung und Veränderung des Elements Wasser. Wenn sich etwas im Element des Wassers bewegt, so bewegt sich auch das Element der Erde und es ändert sich. Der Lorind ist wie ein Komet zu verstehen. Er ist ein Wasserwunder und wie ein Irrtum des Firmaments. Im Wasser ist also eine besondere Welt mit ihrem Mysterium bis zum Ende der Welt zu erkennen. Denn es ist kein anderer Anfang im Wasser, sondern der gleiche wie in den anderen Elementen. Es ist auch kein anderes Ende in ihnen, sondern das gleiche, das auch bei den anderen Elementen bemerkt wird. Es besteht nur ein Unterschied der Formen, Wesen und Naturen zwischen den einzelnen Elementen mit ihren Signaturen. Daher sind die vier Welten nach den vier Elementen und den vier Erbwohnungen zu erkennen. Nur ein Ewiges ist in allen vieren in der gleichen Weise zu erkennen.

So ist im Element der Erde für uns der große Verstand, da wir vom Element der Erde sind. Denn jedes Ähnliche versteht sein Ähnliches. Aber andere Elemente können mit Hilfe der hermetischen Philosophie verstanden werden. Das Ähnliche wird durch die Erfahrung bekannt, aus der dann die Philosophie folgt. Nicht anders wie das Element der Erde das Bezeichnete erzeugt, so haben es auch die anderen Elemente erzeugt. Die Steine, die wir haben, sind ebenso bei den anderen Elementen wie bei uns. Sie sind zwar nicht Steine in unserer Form, aber in ihrer Form. Das Mineral bei ihnen ist wie bei uns, denn das himmlische Firmament liefert Blüten, Steine und Minerale, die wir für Wunder halten. Wir irren, denn es ist ganz widerwärtig, dass wir den natürlichen Lauf für Wunderzeichen halten wollen. Die Propheten weissagen, dass alles, was der Himmel mit seinem Firmament bedeutet, anders zu verstehen ist, doch es wird uns nichts anderes, nur der Lauf angezeigt. Wenn etwas auf uns folgt, merket euch, dass unser Lauf so gewesen ist. Wenn ein Element irrt, so schwächt es das andere, denn alle sollen vollkommen sein und ihren bestimmten Gang haben. Obwohl uns die anderen drei Elemente als Nahrung dienen, dienen doch die drei anderen auch dem Firmament, der Luft, dem Wasser und denen, die darin wohnen. Je eines nährt sich von dem anderen, wie verschiedene Bäume eines Gärtners. Wie wir einen Mangel und Irrtum des Firmaments sofort bemerken, so bemerkt auch das Firmament unseren Mangel. In der gleichen Weise ist dies auch von den anderen Dingen zu verstehen.

Es ist eine einfältige Philosophie, nur für unser Element der Erde jede Seligkeit und Ewigkeit anzunehmen. Es ist nur törichte Meinung, dass wir uns für das edelste Geschöpf halten sollen, da mehr Welten sind als wir allein. Es ist eine noch größere Torheit, dass wir die, die aus unserem Element stammen und auch Leute sind, nicht erkennen, wie die Nachtgeister und die Gnomen. Sie wohnen zwar nicht im Schein der Sonne, sie brauchen auch nicht das Licht des Firmaments, sondern sie hassen das, was wir lieben und wir lieben, was sie hassen. Wir können sie daher nicht mit unserer Form und mit unserem Wesen erhalten und vergleichen. Wir sollen uns nicht wundern, dass sie so im großen Mysterium geschaffen sind, und nicht nur wir, denn es gibt noch mehr, die wir auch nicht erkennen. Daher ist zu verstehen, dass verschiedene Körper im großen Mysterium gewesen sind. In allen ist aber etwas Ewiges und Vergängliches enthalten. Wie sie in verschiedener Form und seltsamer Gestalt die Elemente geschaffen haben, dies alles zu erzählen ist nicht möglich. Es wird am Ende, wenn die Ewigkeiten aller dieser Dinge zusammenkommen werden, nicht mehr daran gezweifelt werden. Am Ende wird viel Unbekanntes erkannt werden und in verschiedener Weise sich zeigen. Dies gilt nicht nur von denen, die Ewiges in sich haben, sondern auch von denen, die das, was etwas Ewiges enthält, haben und ernähren. Das Ewige ist zweifach zu verstehen, das eine zum Herrschen und Regieren, das andere demselben zum Ansehen. Denn es ist gegen die hermetische

Philosophie, dass die Blümlein ohne Ewigkeit sein sollen. Obwohl sie verderben, werden sie dennoch bei der Versammlung aller Geschlechter erscheinen. Denn nichts ist aus dem großen Mysterium geschaffen, das nicht ein Bildnis außerhalb der Äther hat.

Alle Schöpfungen zeigen an, dass es vier Mütter (=vierpolig) aller Dinge gibt, nicht mehr, nicht minder. Dies kann nicht aus dem Grund des großen Mysterium, wie es im Anfang seiner Eigenschaften erscheint, verstanden werden, sondern das erste große Mysterium wird durch die letzten Mysteria und durch die Schöpfungen, die von dem ersten ausgegangen und gewachsen sind, erkannt und verstanden. Denn nicht der Anfang macht einen Hermetiker, sondern das Ende macht den Meister. Es ist zu wissen, dass ein Ding nur am Ende seines Wesens in vollkommener Natur gefunden wird. Vielleicht sind mehr Elemente möglich, als uns gegeben sind. Bei der letzten Erkenntnis werden aber doch nur vier in allen Dingen gefunden. Wir glauben zwar, dass es dem Schöpfer möglich gewesen wäre, mehr als vier zu erschaffen. Da er aber nur aus vieren das Vergängliche geschaffen hat, glauben wir, dass mehr nicht hätten sein können. Es ist zwar wahr, dass nach dem Aufhören der vier noch andere Elemente geboren werden, die in ihrem Wesen diesen vieren gar nicht gleichen. Nach dem Untergang des jetzt geschaffenen Geschöpfes wird ein neues großes Mysterium gemacht werden, welches besser als das vergangene verstanden werden wird. Wir denken aber nicht daran, seinen Ursprung zu beschreiben. Jeder, der sich mit dem Anfang der Welt auskennt, erkennt, dass der Ursprung der Welt von den Elementen kommt. Es sind vier Elemente und so auch vier Welten. In jeder ist ein besonderes Wesen und Geschlecht, nach seiner Notdurft und seinem Bedarf.

Obwohl alle Dinge auf den vier Elementen beruhen, geben wir doch nicht an, dass die vier Elemente in allen Dingen sind oder dass sie in allen wohnen. Die Ursache ist so: Die Welt, die von dem Element Feuer geschieden und geschaffen ist, braucht keine Luft, kein Wasser und keine Erde. In der gleichen Weise braucht die Welt der Luft keines von den drei anderen Elementen. So verhalten sich auch die Erde und das Wasser. Denn der Grund der Elemente lässt nicht verstehen, dass die Welten von vier Elementen erhalten werden müssen, sondern jede wird von einem Element, von dem sie stammt, erhalten. Das Firmament ernährt zwar die Welt durch seine elementare Kraft, die aus ihr ganz feurig auf die Erde geht, doch diese Ernährung ist nicht notwendig. Denn die Welt wird durch sich selbst nicht untergehen, sie kann sich selbst ernähren, wie eine andere Welt sich ohne die Erde ernährt. Dem Wasser hilft die Erde nicht, es ist durch sein eigenes Wesen fruchtbar. Auch das Wasser hilft nicht dem Erdreich und auch nicht der Luft. Die Ursache genügt uns nicht, dass jede Welt allein in ihrem Element bestehen kann, sondern das Licht des Himmels ist ein Auszug der vier Elemente und das edelste ganz in vollkommener Eigenschaft. Der Mensch möge nicht verstehen, dass die Sonne und die Planeten vom Element des Feuers den Schein und den Gang genommen haben, sondern von dem Arcanum. Darum ist der Schein des Firmaments auf die Welt nicht vom Element des Feuers, sondern vom Arcanum. Denn die Erde gibt von sich Tronum, das Wasser Turas und die Luft Samies. Diese stammen nicht vom Element, sondern vom Arcanum und sind vom Element. Durch die Arcana stimmen die Welten in der Weise überein, dass sie einander erhalten, nützlich sind und helfen. Dies geschieht aber nicht durch die Natur der Elemente, denn sie sind Elemente.

Dass der Mensch lebt, sieht, hört und dergleichen, geschieht nicht durch die Elemente, sondern durch die Arcana und durch die Herrschaft. So verhält es sich auch mit allen Geschöpfen. Nur die Herberge und die Nahrung sind elementar. Der Verstand und alles, was ewig ist, kommt von dem Arcanum und ist dasselbe. Die Hunde sterben, aber ihr Arcanum bleibt. Der Mensch stirbt, sein Arcanum bleibt, aber auch die Seele, die ihn so viel edler macht, als der Hund ist. So verhält es sich mit allen Gewächsen. Denn daraus entspringt der Irrtum, dass in dem neuen letzten großen Mysterium alle Geschöpfe, die je gewesen sind, nicht wesentlich, wie jetzt, sondern als Arcana (arkanisch) erscheinen werden. Wir sagen nicht, dass das Arcanum ein Wesen wie das ungestorbene ist, sondern es ist vollkommen. Das Element Feuer hat in sich ein Arcanum. Von diesem werden den anderen dreien das Licht, der Schein, die Influenz und das Wachsen gegeben, aber nicht von dem Element. Diese Arcana könnten nämlich auch ohne das Element bestehen wie das Element ohne sie. Merket euch ferner, dass das Element der Luft in sich ein Arcanum hat. Von diesem wird den drei anderen Welten und der Luft selbst die Nahrung gegeben. Es geschieht nicht elementar, sondern als Arcanum durch das Element. Das Element der Erde hat in sich das Arcanum des Bleibens und der Beständigkeit. Es gibt den anderen die Kräfte ihres Bleibens und Gebärens, so dass ihnen nichts fehlt. Das Element des Wassers liefert das Arcanum der Erhaltung aller Elemente und was zu ihrem Gedeihen und Bleiben ohne Zerstörung notwendig ist. So besteht ein Unterschied zwischen den Elementen und Arcanis. Das eine aus den Elementen ist vergänglich, das andere aber bleibt

bis zum letzten großen Mysterium, in dem sich alle Dinge erneuern werden, aber doch nicht anders als sie gewesen sind.
So ist zu erkennen, wie die Elemente nicht beieinander sind. Sie sind entweder ganz Luft, Feuer, Erde oder Wasser und nicht vermischt. Ein Element ernährt das Seine selbst, auch alles, was seine Welt ist. Daher hilft die Arznei des Elements Wasser nicht denen, die aus dem Element der Erde oder einem anderen Element sind, sondern nur den Nymphen, Meerwundern und dergleichen. Die irdische Arznei hilft auch nicht den anderen drei Welten, nur den Tieren in ihrer Welt. Die Luft verhält sich auch so. Denn in der Luft sind auch Krankheiten, Ärzte, Gelehrte und Ungelehrte in ihrer Welt und in ihrem Lauf. So sind sie auch im Element des Feuers. Es kommt zwar vor, dass Nymphen mit den Irdischen wohnen und Kinder gebären. Es ist möglich, und dies kann durch Raub geschehen. Mit den Luftwesen ist es ebenso, wie Melosine (Meerjungfrau) zu den Irdischen gekommen ist, alles ist Raub. Auch aus dem Feuer werden die Trifertes zu uns Irdischen geraubt. Wenn also die drei fremden Welten in unsere Welt Leute einmischen, wie oben steht, sind sie mit allem ihrem Wesen uns gegenüber als Götter zu erkennen. Dies geschieht wegen der großen Fremdheit und des fremden Wesens, das an ihnen ist. Wenn ein Mensch von uns zu ihnen geraubt wird, ist es als ein Raub von uns zu ihnen zu verstehen. Die Elemente brauchen also einander nicht, nur je eines ist ein Kasten des anderen oder das andere hält an einem Haufen zusammen. Wasser und Erde scheiden sich voneinander, so auch die Luft und das Feuer. Jedes besitzt seinen besonderen Teil ohne Berührung, denn wie Wände und eine Vereinigung sind die Arcana aus allen vieren.
Dann folgt die Zusammenfügung, dass alle Dinge wieder in das Wesen kommen werden, wie sie gewesen sind. Dies geschieht arkanisch und den Elementen entsprechend. Körperliches kann da bei der Geburt nicht erscheinen, sondern es genügt das Angesicht und das gegenwärtige Dastehen alles Geborenen. Jeder soll wissen, dass alles vor ihm geschehen ist und nach ihm geschehen wird. Dies ist bildlich jedem bekannt. Aber darin ist ein heimlicher Sinn des letzten großen Mysteriums. Nicht aus der Natur, sondern aus dem Wissen der Ursachen schließt man die letzte Scheidung der Elemente und aller Geschöpfe. Dann werden Antworten gegeben, jede beim Tod des betreffenden. Das ist eine Ursache des Vergänglichen und des Lebendigen oder Bleibenden. Denn da wird ein einiger Richter sein, der die Gewalt von Anbeginn gehabt hat und immer ein einiger Richter gewesen ist. Dies ist der Ursprung des Glaubens und der

verschiedenen Diener der Götter, was alles ein falscher Gebrauch ist. Denn es hat nie einen anderen Gott gegeben als den, der immer ein Richter gewesen ist. Es ist eine falsche Torheit, den Sterblichen, den Vergänglichen und den Faulenden für einen Gewalthaber der Dinge der Geschöpfe zu halten und zu glauben, dass er das Ewige regiert. Denn was da stirbt, hat keine Gewalt zu regieren; darum gibt es nur einen Weg und einen Glauben, und mehr ist nicht zu bedenken.

Wenn nun alle Dinge, die geschaffen sind, ihre Bestimmung erlangen, entsteht da ein Arcanum. Denn die Bestimmung ist die letzte Materie, die ohne Element und ohne ihr jetziges Wesen sein wird, sondern sie wird mehr temperiert und unverdorben in der Zukunft sein. Denn das wird nicht aus dem Geist, sondern aus der Natur verstanden, denn etwas Ewiges folgt auf das Sterbliche. Denn wenn ein unempfindliches Gewächs zugrunde geht, kommt an seine Stelle ein ewiges. Es gibt nichts Vergängliches auf der Erde, das nicht etwas Ewiges zurücklässt. Denn nichts ist leer, keines von den vergänglichen Dingen ist ohne ein verlassenes Ewiges geschaffen. Denn nach dem Ende aller Geschöpfe werden alle solchen ewigen Dinge zusammenkommen, nicht nur wie eine Nahrung, sondern mehr zu einer Meisterschaft der Natur im Vergänglichen und Ewigen. Das Ewige ist also ein Anzeichen der Zerstörung der Natur, es ist nicht ein Anfang der Geschöpfe, sondern ein Ende bei allen Dingen, die eine Natur besitzen. Auch die Fatales, die Melosinen und die Nymphen werden etwas Ewiges zurücklassen. Wir wollen hier nichts von ihrem Verderben melden. Denn da werden vielerlei Arten der Fäulnis verstanden, da es vier Welten gibt, nämlich die Fäulnis der Erde, die Fäulnis der Luft, die Fäulnis des Feuers und die Fäulnis des Wassers. Jedes Element wird mit seinen Geschöpfen zum Untergang und zum Zurücklassen des Ewigen gebracht. Aber diese vier Arten der Fäulnis werden ihr Ewiges nicht mit Werken, sondern mit dem Wesen zum Ausgleich bringen, denn die gleiche Wohnung ist das Ewige, jedoch mit vielen Unterabteilungen.

\*

Es ist zu verstehen, wie jedes Ding sein Wesen an sich nimmt. Es ist mit dem Feuer, das aus einem harten Stein kommt, zu vergleichen. Es flammt und brennt über jede natürliche Erkenntnis. Wie das verborgene Ding des Feuers einen Ursprung nimmt und danach in Wirkung kommt, in der Form und Gestalt kommt auch das Wesen in die Natur. Man muss erkennen, dass zuerst ein Ding ohne alle Neigung und Gattung gewesen ist. Daraus sind dann alle Dinge entsprungen. Dieser Ursprung ist nicht anders als eine temperierte Farbe, die an sich selbst braun ist und keine Neigung zu einer anderen Farbe hat. Sie steht in ganzer Temperierung und doch sind in ihr alle Farben. Daraus kann ein gutes Rot, ein gutes Grün, ein gutes Blau, ein gutes Gelb, ein gutes Weiß, ein gutes Schwarz geschieden werden. Jede Farbe enthält viele blinde Farben und ist selbst gut gefärbt. Obwohl viele und widerwärtige Farben in ihnen sind, sind alle doch in einer Farbe verborgen. So hat auch jedes Ding sein Wesen im großen Mysterium gehabt und ist durch den obersten Werkmeister geschieden worden. Der Kristall gibt Feuer, nicht durch die Natur des Feuers, sondern durch seine Stärke und Härte. Er hat auch die anderen Elemente in sich, nicht wesentlich, sondern materiell, ein brennendes Feuer, eine wehende Luft, ein nasses Wasser und ein schwarzes trockenes Erdreich. Durch die Vermischung seiner Eigenschaft hat er alle Farben. Sie sind aber in ihm verborgen wie das Feuer im Stahl. Es wird nicht gesehen, weder durch das Brennen noch durch den Schein noch durch Farben. In der Weise liegen alle Farben und Elemente in jedem Ding. In den Werken zeigen sie ihr richtiges Wesen, nichts bleibt dabei verborgen. Es ist zu erkennen, wie dies in solche Dinge kommt. Es kommt nicht anders hinein, als durch den, der ein Macher aller Dinge ist.

Obwohl die Natur in den Körpern und in der Substanz unsichtbar liegt, wie gemeldet wurde, so merke dir doch, dass das Unsichtbare durch das Medium der Körper sichtbar wird. Wie sein Wesen ist, so wird es sichtbar in den Tugenden und Farben gesehen. Die unsichtbaren Körper sind nicht anders als die körperlichen zu verstehen. Merke dir, dass die unsichtbaren alle Elemente in sich haben und in jedem Element wirken. Sie können aus sich das Feuer und die Kraft ihres Elementes herauslassen, auch die Luft, wie ein Mensch den Atem, das Wasser, wie ein Mensch den Harn. Sie sind auch von der Natur der Erde und stammen vom Erdreich. Verstehet das in der Weise, dass die Flüssigkeit der Erde alle Tage siedet und den subtilsten Geist, der in ihr ist, in die Höhe treibt. Von diesen werden die Unsichtbaren und das Firmament genährt. Sie können ohne den Dunst nicht sein. Denn alles Körperliche und Unkörperliche muss gegessen und getrunken haben. Deshalb stammen Steine von der Erde, aus dem gleichmäßigen Geiste ihrer Natur. Denn jeder hat das Seine an sich gezogen. Die Anwath und die Feuerdrachen stammen davon. Wenn die Unsichtbaren wie die Sichtbaren in ihrem Wesen sind, haben sie es von der Natur des großen Mysterium. So brennt das Holz durch ein Licht ohne Schaden und Nachteil oder Verminderung des Lichtes. Obwohl es nicht körperlich ist, muss es doch etwas Körperliches haben, das es vor dem Tod bewahrt; dies geschieht durch das Holz. So müssen auch alle Unsichtbaren durch das Sichtbare erhalten, geführt und genährt werden. Sie werden mit diesem untergehen und enden, doch ihre Wirkung und Werbung ist in ihnen selbst ohne Schaden der anderen Dinge. Es wird dann ein Ausguss derselben und lehrt das Leibliche und Sichtbare kennen, obwohl es durch Unsichtbares geschieht und im Sichtbaren empfunden wird.

*

Bevor wir die vier Elemente zu erklären beginnen, was ihre Philosophie enthält, soll jeder Hermetiker zuerst den Anfang eines jeden Dinges kennen, wie dieses an sich selbst ist. Dann soll er in die Natur gehen, das Licht von ihr nehmen und daraus philosophieren, was die Hand erproben kann und was sich in der Natur findet. Wenn wir hier mit der hermetischen Philosophie der vier Elemente beginnen, wollen wir zuerst philosophieren, wie aus dem Nichts ein Etwas geworden ist. Bevor die vier Elemente, Himmel, Firmament, Erde und Wasser, waren, ist an diesem Orte das Paradies gestanden. Das Paradies ist dann an eine andere Stelle gerückt.

Vor allen Elementen ist zuerst die Luft ausgezogen worden, Mercurius, Sulfur und Sal der Luft, nicht körperlich und nicht materiell, sondern unsichtbar und ungreifbar in der Form. Der Anfang dieses Elements ist wie der Anfang aller Elemente. Jedes Element beruht auf den drei ersten Dingen. Aus den dreien wachsen alle Dinge, die von den Elementen stammen, das ist Sulfur, Mercurius und Sal. Ohne die drei ist kein Element. Die drei machen jedes Element und was aus ihnen wächst, besteht aus ihnen. Sie sind dem Elemente entsprechend verschieden. Sie nehmen nichts vom Element, sondern das Element nimmt von ihnen. Die Weisheit, die in einer Zelle liegt, gibt vielerlei widerwärtige Urteile, und so sind auch diese drei ersten Dinge.

## Über das Element der Luft.

Zuerst ist der Yliaster geteilt worden, der dann Nichts mehr ist. Er hat die vier Elemente gegeben, gemacht und geordnet. Er ist nur wie ein Samen, aus dem ein Stamm wächst. Der Samen nimmt nicht wieder zurück, was er hinausgibt. Aber dieser Yliaster zieht die vier Elemente wieder in sich zurück und wird wieder so, wie er war, bevor die vier Elemente gewesen sind. Dies geschieht, wenn das Jahr der Welt vorüber ist. Der Stamm, der aus dem Yliaster geboren ist, das sind die vier Elemente. Er liefert keinen

Samen, aus dem ein Kind nach diesem Jahr der Welt würde, so dass ein anderes würde. Sondern die vier Elemente sind die Mütter und Töchter und dieses Geschlecht wird nach seinem Tode nicht mehr gefunden. Wie es am Anfang war, so wird auch das Ende. Auch alles, was darin ist, geht damit zugrunde.

Es folgt zwar eine andere Welt darauf, die eine Tochter dieser Welt ist, jedoch nur dem Namen nach, nicht der Form, dem Wesen und dergleichen. Diese wird nämlich nicht untergehen, sondern wie die Seele bleiben, die entstanden und nicht sterblich geschaffen wurde. So wird auch diese Welt sein.

Nun folgt, dass der ewige Vater, der nicht nur ein Vater seines Sohnes ist, sondern auch aller Ewigen und Sterblichen, die bleiben und die sterben, auch der Seligen und der Verdammten, Häuser geschaffen hat, nämlich Himmel und Erde, Firmament und Wasser. Er hat darin seinen göttlichen Willen gezeigt, was wir hier nicht weiter melden, sondern in den Paramiris anzeigen. Er hat aus dem Unnatürlichen etwas Natürliches gemacht, eine Natur aus der anderen Natur hat er geboren werden lassen, bis seine Jahre-Zeit aus ist und das göttliche Regiment seine Majestät selbst besitzt, die jetzt der Mensch besitzt. Die ersten Naturen sind zwar so ungleich, dass aus der Erde eine Birne wachsen soll, aus dem Sand ein Halm, aus dem Wasser Cachymia, aus dem Himmel das Chaos, aus dem Feuer der Schnee. Warum dies so seltsam und ungleich seiner ersten Natur, von der es stammt, ist, soll hier philosophiert werden. Das Element Wasser ist nämlich nicht nur ein Wasser, sondern auch ein Mineral. Das Element Erde ist nicht nur aus Erde, sondern auch eine Weintraube. So verhalten sich auch die anderen. Denn die Philosophie ist umsonst, die sagt, dass die Erde ein Element ist, die Nuss nicht, dass das Feuer ein Element ist, der Schnee nicht. Oder wer da sagt, die vier Elemente seien in einem jeden Ding, da ist alles vergebens.

Die Erde ist ein Element und alles, was von ihr wächst. Das Wasser auch und alles, was von ihm kommt. Das Firmament und alles, was von ihm kommt. Was gebärt, ist ein Element. Das Element ist eine Mutter, und es gibt vier, Luft, Feuer, Wasser und Erde. Von den vier Müttern werden alle Dinge der ganzen Welt geboren. Es ist eine unnütze Rede, dass das Element eine Komplexion an sich habe, dass es heiß oder trocken ist, kalt oder feucht, kalt oder trocken, heiß oder feucht. Denn alle vier Komplexionen sind im Element. Es ist zu verstehen, dass die Erde kalt und trocken ist, kalt und feucht, heiß und trocken, heiß und feucht. Was aus der Erde wächst und heiß und trocken ist, das wächst aus dem in der Erde, was heiß und trocken ist. Was kalt und feucht ist, wächst aus dem Element der Erde, das kalt und feucht ist. Vom Feuer gehen in der gleichen Weise vier Komplexionen aus. Der Schnee wächst aus dem, was im Element Feuer kalt und trocken ist. Der Blitzstrahl wächst aus dem, was heiß und trocken ist. Daher erklären wir am Anfang, dass ihr die Elemente nicht nach den Komplexionen beschreiben sollet, sondern nach der Form, welche die vier Mütter an sich haben. Die Erde ist materiell, lehmig und leimig, sie sei heiß oder trocken, kalt oder feucht. Das Wasser ist nass, empfindlich und greifbar, aber nicht körperlich und nicht materiell. Es ist ein Element, es sei kalt oder heiß. Das Feuer ist das Firmament. Es ist das Feuer, obwohl es an einem Orte heiß ist und an einem anderen kalt. Die Luft ist der Himmel, der alles einschließt. Sie ist heiß und kalt, trocken und feucht, wie dann hernach folgt.

Nun kommen wir zu unserem Anfang von den Elementen zurück. Es ist zu verstehen, dass zuerst der Yliaster in vier Teile geteilt wurde, in die Luft, die der Himmel ist, welcher alles einschließt, in das Feuer, welches das Firmament ist, das Licht und Nacht, Kälte und Wärme gibt, in die Erde, die alle Früchte und den Lauf des Flusses liefert, in das Wasser, aus dem alle Minerale und die halbe Nahrung des Lebenden kommen.

Zwei Nahrungen sind hier, eine ist in der Luft und im Feuer, die andere ist in der Erde und im Wasser. Die ersten zwei ernähren uns geistig und unsichtbar, die anderen materiell und körperlich. Diese vier Elemente sind in zwei Parteien geteilt. Die eine ist die Luft und das Feuer, die andere die Erde und das Wasser. Die Luft hebt das Feuer, die Erde das Wasser. Die Luft und das Feuer heben die Erde und das Wasser und diese beiden die Luft und das Feuer. Sie sind so beschaffen, dass je eines das andere hebt, braucht und nährt. Der Yliaster ist in zwei Kugeln geteilt, in die äußere und in die innere; jede hat zwei Elemente. Außen ist nichts, was uns bekannt ist. Innen ist, was wir sehen und greifen und was uns das Licht der Natur anzeigt. Aber der, der es geschaffen hat, ist nicht bei uns, sondern außerhalb. Der ist bei uns, der von ihm geboren ist. Darum wollen wir, wie die Natur durch ihre Zeichen anzeigt, nur von den vier Elementen philosophieren.

Zuerst ist bei der Schöpfung der Körper der vier Elemente geschaffen worden, die Form und die Weite, die vom Himmel gezogen und genommen sind. Das Vergängliche ist gemacht worden, soweit die Luft reicht. Hier war der Stuhl Gottes und das Zentrum seines Reiches. Von diesem Zentrum aus wurde die Welt geschaffen, so dass das Sterbliche und Vergängliche von Gott geschaffen wurden.

Nun ist aber zu verstehen und zu wissen, dass von diesem Zentrum aus die Welt entstanden ist und materiell gemacht wurde. Auf diesem Stuhl ist Christus am Kreuz gehangen. Auf diesem Stuhl saßen die Propheten und hier war der Schemel seiner Füße. Da sind Gott und sein Werk, das Zentrum seines Reiches und sein Stuhl materiell und körperlich geworden.

Es ist am Anfang, bevor die Philosophie beginnt, zu wissen, dass Gott das Zentrum seines Himmels und sich selbst vergänglich gemacht hat. Wie er leiblich ein Sohn genannt wird, so ist die Welt sein Haus. Wie sie geschaffen und entstanden ist, ist zu wissen. Sie wird nicht so aufhören, wie sie gekommen ist, sondern es werden vom Menschen das Herz und von der Welt das Schlagen da bleiben.

Wie aber nun Gott die Welt geschaffen hat, so ist sie. Er hat am Anfang einen Körper gemacht, soweit die vier Elemente gehen. Diesen Körper hat er aus drei Dingen zusammengesetzt, aus Mercurius, Sulfur und Sal. Diese drei Dinge machen also einen Körper. Diese drei Dinge machen alles, was in den vier Elementen ist und wird. Diese drei Dinge haben jede Kraft und Macht der vergänglichen Dinge in sich. In ihnen liegen die Minerale, der Tag, die Nacht, die Wärme, die Kälte, Steine, Obst und anderes, was noch nicht geformt ist. Es ist wie ein Holz, das da liegt und nicht nur Holz ist. In ihm ist aber jede Form der Tiere, jede Form der Gewächse, jede Form der Instrumente. Wer das, was nicht dazugehört, wegnehmen kann, findet die Dinge. Dieser erste Körper des Yliaster ist ein Klotz gewesen, in dem alle Kräuter, alle Wässer, alle Edelsteine, alle Minerale, alle Steine, jedes Chaos gelegen sind. Sie hat nur der höchste Werkmeister hinweggeschieden und so fein gebildet, dass das, was weggenommen wurde, anders geworden ist. Zuerst hat er die Luft weggenommen. Aus dem Rest sind noch drei Elemente geworden, das Feuer, das Wasser und die Erde. Dann hat er das Feuer genommen. Es sind noch zwei geblieben, und so bis zum Ende.

Wie nun die vier Äcker so genommen und geschieden worden sind, sind vier Behälter geblieben. In jedem sind die vier Elemente heiß, kalt, feucht und trocken geblieben. Jeder ist so viel wie nichts gewesen.

Am Anfang wurde die Luft bestimmt, dann das Feuer, dann die Erde und dann das Wasser. Dies ist so gewesen: Aus der Luft das Chaos, der Stahl, die Ketten und der Boden. Aus dem Feuer Tag und Nacht, Sonne und Mond. Aus der Erde Bäume und Kräuter, Gras und Obst. Aus dem Wasser Minerale und Steine. Sie sind so geordnet, dass das Übrige immer etwas anderes geboren hat. Aus dem Yliaster der Erde ist das Buchenholz gezogen worden und das Apfelholz wurde hinweg geschieden, jedes an

seine Stelle, nichts wurde verdorben oder gemischt. Im Wasser ist das Gold von anderen Metallen geschieden worden, dann die anderen Metalle nacheinander. Im Feuer ist die Kälte von der Wärme geschieden worden, die Heiterkeit von der Finsternis. In der Luft ist das Chaos dazu bestimmt, alles zu erhalten und die Erde vom Himmel abzuschließen. Diese vier Yliaster sind zu Elementen, das ist zu Müttern ihrer Früchte, gemacht worden. Zuerst ist die Luft bereitet worden, dann das Feuer. Diese zwei sind zusammen in eine Einigkeit gesetzt worden. Dann sind die Erde und das Wasser von den anderen zwei Elementen geschieden worden und sie sind auch vereint worden. Das sind die zwei doppelten Yliastri. Die Luft ist für sich selbst, das Feuer auch, die Erde und das Wasser auch.
So hat Gott das Zentrum seines Reiches materiell geschaffen und dann die drei ersten Dinge bestimmt. Daraus wächst alles, was hervorkommt. Ohne die drei kann nichts in den vier Yliastri wachsen. Wenn sie wachsen, sind es Elemente. Sie verlieren dann ihren Namen Yliaster und heißen Elemente.
Diese vier Elemente sind in ihr Wesen und an ihre Stätte geschieden. Keines ist mit dem anderen vermischt, sondern jedes ist fein gesondert, wie ein Schnitzer von einem Bild das hinwirft, was sein Bild unförmlich macht. Es gibt also vier Elemente, aber nur drei erste Dinge, drei in der Luft, drei im Feuer, drei in der Erde und drei im Wasser. Überall sind nur die drei ersten Dinge, in allen ist ein Mercurius, in allen ist ein Sulfur, in allen ist ein Sal. Ihre Eigenschaft ist aber verschieden. Was wachsendes Kraut, Laub und Gras ist, ist in die Erde gekommen. Was mineralisch ist, in das Wasser. Was kalt und warm, Tag und Nacht ist, in das Feuer. Was Luft ist, in das Chaos. In allen sind die drei Dinge. Es verhält sich so, wie wenn ein Stein, der da liegt, in vier Teile geteilt würde. Aus einem Teil wird ein Bild, aus dem zweiten ein Hafen, aus dem dritten eine Vase und aus dem vierten ein Markstein. Alle sind Steine und ein Stein, aber in vier Teile geteilt.
Es gibt vier Yliastri und nicht mehr. Sie sind auch genügend. So hat Gott die Welt in vier Teile geteilt, er hätte auch acht machen können, doch vier schienen ihm ausreichend zu sein. Er hat einen Teil der Nahrung in der Luft geschaffen, den zweiten in dem Feuer, den dritten in der Erde und den vierten im Wasser. So ist alles da. Nun gebührt es sich, von diesen vier, die den Namen Elemente haben, zu philosophieren, ihre Macht und Kraft zu beschreiben. Wir fangen mit der Luft an und enden mit dem Wasser, soweit dies die Geburt der unempfindlichen Dinge betrifft.
Das Element Luft ist zu keinem anderen Ding bestimmt, sondern nur zu einem Haus der drei anderen Elemente, um jedes in seinem Zimmer zu

halten. Die Luft enthält alles Sterbliche und scheidet es vom Ewigen wie eine Mauer die Stadt vom Lande scheidet. Sie hält die Welt zusammen, wie ein Damm den Weiher. Wie nichts außerhalb des Eis in das Ei gehört, so ist die Luft eine Schale, die die Welt und den Himmel scheidet, wie die Schale eines Eis das, was außerhalb des Eis ist. Sie ist eine Haut und die ganze Welt ist ein Körper. In diesem wird auch die Erde erhalten. Die Luft ist der Himmel, die Haut, die Schale, die Mauser, der Damm. Nichts kann heraus und, was außen ist, kann nicht hinein. Außerdem ist die Luft der Atem, durch den alle Dinge das Leben haben. Er ist nämlich Luft und liefert Luft, die die drei Elemente und den Menschen in seinem Leben ernährt. Wenn die Luft nicht wäre, könnten wir nicht leben. Es würde kein Element sich bewegen, es würde kein Wind, kein Regen und kein Schnee kommen, keine Sonne würde scheinen, kein Sommer würde kommen und kein Wasser würde fließen, keine Erde würde Früchte tragen. Diese Kraft kommt von der Luft und wird von den drei Elementen angezogen. Wie die Lunge alle Augenblicke die Luft an sich zieht, so tun es auch die Erde, das Wasser und das Feuer. Es ist ein großer Irrtum, dass die Winde von der Luft sind, denn sie dringen in uns wie ein Gift und nicht wie das Leben. Nur das erste Element liefert uns die Luft. Das Feuer gibt den Wind.

Dieses Element gibt auch die Kraft, dass das Feuer an ihm hängt und nicht fällt. Es ist eine Kette, die ohne jede Materie und Sichtbarkeit hebt und trägt. Dies geschieht durch das Chaos, das zwischen der Haut und der Erde liegt. Hier ist der mittlere Zwischenraum und er reicht vom Himmel bis zur Erde. Darin schwebt das Feuer, darin schweben die Erde und das Wasser. Wie der Dotter im Ei vom Eiklar gehalten wird, so dass er die Schale nicht berührt, so hält das Chaos die Kugel, dass sie nicht fällt. Dieses Chaos ist unsichtbar und erscheint grün. Es ist das ungreifbare Eiklar und Eiweiß. Es hat die Kraft, die die Erde hält, so dass sie von ihrer Stelle nicht rücken kann. Wie der Eidotter im Eiklar schwebt, so schwebt die Kugel, Erde und Wasser, in dieser Luft. Wie ein Schiff auf dem See gehalten wird, so wird auch dies gehalten. Die Luft ist das große Eiweiß, das wunderbare Eiklar, welches die Kugel, Erde und Wasser unsichtbar trägt. Sie trägt auch das Firmament und steht in ihm wie der Samen der Gurke in seinem Schleim, wie der Samen der Zeugung im Sperma, wie ein Stück Fleisch in seiner Sülze. So liegen die Sterne und haben ihren Gang in diesem Eiklar wie ein Vogel seinen Flug. Sie werden nicht anders gehalten, sondern nur so, wie die Beispiele anzeigen. Der Unterschied ist nur so, dass das Chaos, das vom Eiklar, vom Sperma, vom Schleim geschieden wird, ungreifbar und subtil ist. Sonst gleicht es in seiner Kraft und Macht den anderen gemeldeten Dingen.

Wenn wir von der Kraft dieses Elementes reden, ist zu wissen, dass die Luft, sein Chaos und der Himmel rund sind. Niemand kann ergründen, ob etwas, was darin ist, unten oder oben ist. Man kann nicht wissen, was innen in einem Ei ist, welches da liegt. (Nur dann wäre es möglich, wenn man darin wäre.) So verhalten sich Himmel und Erde. Denn die runde Form bedingt, dass keine Höhe oder Tiefe gesehen werden kann. So sind wir in der Schale. Wir wissen nicht, was unten oder oben ist. Wir gehen auf der ganzen Kugel gegen den Himmel und alles ist eine Höhe und eine Tiefe. Die runde Form der Erdkugel und des Himmels können dies und so ist es für den sterblichen Körper bestimmt, dass alle Dinge nach drei Richtungen wachsen sollen, nicht nur der Mensch, sondern alle Bäume, alle Adern und alle Brunnen. Wie Gott den Kreis der Erdkugel und des Himmels geschaffen hat, so hat er auch den halben Kreis geschaffen, den Durchmesser, die Meridianlinien, die Linien nach den drei Richtungen und dergleichen. Denn im Himmel und in der Erde, im Feuer und Wasser werden alle Linien, Kreise und Brüche gefunden. Da ist die richtige Geographie, Kosmographie und Geometrie. Durch die elementare Geometrie der Luft werden die Gebäude des Feuers erhalten. Sonne, Mond und alle Sterne, die Minerale des Wassers und anderes. Da ist der richtige Grund jeder Geometrie. In dieser Linie steht der Mensch und sieht schnell zum Himmel. Nur Gott ist der Meister dieser Geometrie, der Steinmetz und der Geometer. Aus dieser Linie fällt nichts, es geht nichts daneben, weder Wasser noch Feuer, weder Erde noch Bäume, weder Mensch noch Vieh. Alles geht der Geometrie der Luft entsprechend, die Gott geschaffen hat, wie ein Steinmetz die Bilder an einem Turm und dergleichen.

Nun ist weiter von der Philosophie der drei ersten Dinge zu wissen, wie sie im Element Luft sind. Der M.SS.S. ist das Element Luft. Er ist dazu bereitet, dass er eine Luft gibt und das Element Luft erfüllt. Am Anfang ist der Himmel nichts, nur ein weißer SS., koaguliert mit dem Salzgeist und mit dem Mercurius gereinigt. Die Härte dieses Elements ist in dieser Haut und Schale bereitet. Etwas anderes der drei ersten Dinge ist in zwei Teile geteilt, der eine ist das Chaos und der zweite die Luft. Der SS. hat sich durch den Salzgeist in der Flüssigkeit des Mercurius gelöst. Er ist selbst eine Flüssigkeit und vom Himmel bis zur Erde verteilt. Er ist das Eiweiß des Himmels und der mittlere Zwischenraum. Er ist klar, fein und durchsichtig. Die dicke, trockene und subtile Art ist gelöst worden und nicht mehr so, wie sie gewesen ist. Die Luft ist so: Der dritte Rest der drei ersten Dinge der Luft ist zur Luft geworden. Wie ein Holz verbrennt und als Rauch aufsteigt, so wird dies eine Luft und bleibt in der Luft bis zum Ende der Elemente. Es sind Sulfur, Mercurius und Sal, die von der Substanz zu Luft verzehrt sind. Es geschieht nicht anders, sondern wie mit dem Holz, welches ein Rauch wird. Es ist ein Rauch der drei ersten Dinge des Elements Luft. Nichts mehr, nur das, was gemeldet wurde, entspringt aus dem Element Luft. Viele der Alten, auch der Neuen und auch die, die zu meiner Zeit leben, wollen der Luft die Winde zuschreiben und den Ursprung in der Beweglichkeit des Himmels annehmen. Das alles ist nichts. Denn der Himmel bewegt sich nicht, er ist die Luft selbst und stammt vom Element wie ein Rauch vom Holz. Wer gut verstehen will, wie die Bewegung ist, der lerne das Feuer in seinen Kräften kennen. Dies ist von größerer Bedeutung, als hier verstanden wird.

### Über das Element des Feuers.

Die Elemente sind angeordnet, wie es beim Element Luft steht. Zuerst kommt die Luft und dann das Feuer. Diese zwei umgeben die ganze Kugel. Wie das Element Feuer steht und ist, wollen wir nun philosophieren.
Vom Yliaster sind zuerst die Luft und das Feuer geschieden worden. Dann sind diese voneinander geschieden worden, zuerst die Luft, wie es im ersten Buche steht. Nun kommt das Feuer an die Reihe. Bei dieser Scheidung sind zwei Elemente voneinander gekommen, nämlich die Luft und das Feuer. Aus der Luft sind die Himmel geworden, aus dem Feuer das Firmament. Wie in der Luft das Chaos und sonst nichts ist, so sind im Element Feuer das Warme und Kalte, der Schein und die Finsternis. Alles, was der Erdkugel und der Luft abgeht, wird im Element Feuer erhalten. Es heißt nicht deshalb das Element Feuer, weil es nur brennt, wie viele gesagt haben. Denn das ist nicht das Element Feuer, das brennt, sondern, was brennt und was diesem widerwärtig ist, nämlich das Gefrieren. Das Element Feuer steht nicht in der Komplexion des Heißen und Trockenen, sondern auch im Kalten und Nassen, das auch vom Element Feuer ist. Daher handeln die nicht weise, die das Element Feuer in dem Element Wasser oder Erde suchen. Sie bringen etwas hervor, was in der Komplexion hitzig ist, aber diese Hitze macht nicht das Element. Das Element heißt nicht Element, weil es Feuer ist, sondern deshalb, weil das ganze Firmament darauf beruht. Deshalb ist es ein Element, weil von ihm der Tag,

die Nacht, der weiße Schein, der rote Schein, die Regen, die Wetter, die Stürme, die Winde und alle Einflüsse des Firmaments stammen. Es ist eine Stätte und ein Teil der vier Teile der Geschöpfe, deshalb wird es ein Element genannt. Wie die Erde Hitze und Kälte liefert und das Element der Erde ist, so ist auch das Feuer zu verstehen. Der Unterschied ist zu wissen, das das materielle Feuer ein Element genannt wird, obwohl es kein Element ist. Es kommt nicht vom Element Feuer, es gleicht aber dem Element Feuer, weil es zur Sonne gehört. Auch das Wasser ist gleich dem Element Feuer, an dem Ort, wo es regnet. Das materielle Feuer, das wir gebrauchen, ist in den vier Elementen und heißt **Tristo**. Das Element Wasser muss zu seiner Wirkung das Element Feuer in sich haben. Dieses Feuer bleibt im Element Wasser und zeigt sich im Stahl und im Stein. Es ist auch in dem Element der Erde und zeigt sich in seinen Früchten. In der Luft ist es ebenso. Auch von den anderen ist zu verstehen, dass jedes sein Tristo in sich hat, wie in dem Abschnitt über die Natur der Dinge angezeigt wird. Daher kann die Sonne ihr Element in dem Holz zeigen, es anzünden und verbrennen. Dies geschieht durch die Kraft, wenn das Element Feuer die Erde mit dem Regen befeuchtet, dann verbrennt sie auch das. Wie das Element Feuer die Erde befeuchtet und dies ihre Kraft und Eigenschaft ist, so zündet es das Holz an und den Feuerspiegel in der Sonne. So kommt das materielle Feuer auf die Erdkugel wie der Regen auf die Erde. Sie kommen beide von einem Element, doch sie sind in ihrer Art verschieden. Das Feuer, das aus den Steinen und Metallen kommt, ist von der Sonne in seinem Ares hineingekommen. Wie sich die Erde von der Sonne nährt, so nährt sich auch ein Element von dem anderen. Das Salz der drei ersten Dinge könnte nicht koagulieren, wenn das Feuer nicht in ihm wäre. Der Mercurius könnte auch nicht einen Körper liefern, wenn er nicht das Element Wasser in sich hätte. Der Sulfur könnte nicht ohne Erde sein. Die Luft ist ohne Materie ungreifbar und nicht körperlich. Daher kann sie nicht einen Körper, wie die anderen Elemente, liefern. Sie wirkt aber wie die anderen.

Nach der Scheidung der zwei Elemente Luft und Feuer folgt ihre Ordnung. Zuerst ist die Teilung in Sonne, Mond und alle anderen Sterne bestimmt. Nur diese sind das Element Feuer. Mit welcher Kraft und Natur sie sonst begabt sind, was wir hier nicht anzeigen, wird in dem Abschnitt über die Natur der Dinge gefunden. Hier ist zu wissen, dass dieses Element, das Firmament, nichts anderes ist als die Sterne. Was sie auf die Erde gebären, Schnee und Regen, Wind und Hagel, Kälte und Wärme, Tag und Nacht,

Sommer und Winter und dergleichen, stammt von dem Element Feuer wie ein Kind von seiner Mutter und ein Apfel von seinem Baum. Dieses Element Feuer ist in das Element Luft gesetzt. Wie Wasser und Erde in einer Kugel sind, so sind auch das Feuer und die Luft gemischt je eines ohne Schaden seines Körpers für das andere. Es steht in der Luft, ohne aufgehängt zu sein, es steht frei ohne Boden. Wie die Vögel in der Luft fliegen, so ist der Sonnenlauf am Himmel, das ist in der Luft. Wie es bestimmt ist, dass der Mensch auf der Erde gehe, der Vogel in der Luft, der Fisch im Wasser, der Gnom in der Erde, so sind auch die vier Elemente bestimmt, dass eines liege, das andere fliege, eines so, das andere so. Sie haben nicht einen Stuhl oder Ort. Jeder Stern hat seinen Gang und keiner gleicht dem anderen. Wie kein Mensch auf der Erde wie ein anderer geht und alles doch ein Gang ist, so verhält es sich auch mit den Sternen. Wie die Menschen in ihrer Natur einander nicht gleichen, so verschieden sind auch die Art und das Wesen der Sterne. Daher ist darüber nicht weiter zu philosophieren, denn so sind sie gemacht und so ist ihre Bestimmung. Aus welcher Ursache und aus welchem Grunde dies ist, das folgt hernach in den entsprechenden Kapiteln.

### Über die Sonne, das Licht, die Finsternis und die Nacht.

Im ersten Traktat steht, dass der erste Yliaster mit allen Farben versehen ist, mit Helligkeit und Schönheit. Daraus sind die vier Elemente geschieden. Was dem Element Feuer gegeben ist und diesem bestimmt ist, wird später behandelt werden. Zuerst ist aus dem Yliaster das erste Element, die Luft, gezogen worden, dann das Element Feuer. So ist die Scheidung geschehen. Zuerst ist der weiße Glanz herausgenommen worden und daraus ist ein Maß und eine Materie gemacht worden, das ist die Sonne. In dieser ist der weiße Glanz des Elements Feuer und sonst ist im ganzen Element kein weißer Glanz mehr. Der rote Schein ist auch herausgezogen worden und in die Sterne gekommen. Er ist der Mond und die anderen Sterne, von denen es eine große Menge gibt. Wie der weiße Glanz in ein Stück zusammengeballt wurde, so ist der rote Schein in viele Stücke geteilt worden. Daraus folgen der Tag und die Nacht. Da der ganze weiße Glanz in einer Kugel koaguliert ist, ist der Tag nur dort, wo die Kugel ist. Wo die Kugel nicht ist, ist kein weißer Glanz, da ist Nacht und Finsternis. Denn der rote Schein gibt kein Licht. Es ist auch zu wissen, dass im Element Feuer zwei Naturen sind, eine heiße und eine kalte. Die Hitze ist nur im weißen Glanz, die

Kälte im roten. Jedes Feuer, das heiß ist, ist in der Sonne und sonst in keinem Firmament. Die Kälte ist in den Sternen und weiter nicht in der Sonne. Daraus folgt, dass der Sommer von der Sonne kommt und die Kälte von den Gestirnen. In der Sonne ist eine ausstrahlende Wärme, in den Sternen eine ausstrahlende Kälte. Die Sonne wirft durch ihre Strahlen die Hitze auf die Erdkugel. Wie ein Wind, der aus einem Loch geht, oder ein Halm, der aus der Erde auf die Erde geht, so geht die Hitze von der Sonne heraus auf die Erdkugel. Denn die Hitze ist die Frucht der Sonne auf der Erdkugel und die Sonne hat sonst keine andere Frucht. Daraus folgt, dass die Sonne zwei Wirkungen hat, eine mit mehr und eine mit weniger Hitze. Sie teilt ihre Hitze in zwei Teile und so kann das kalte Gestirn seine Kälte zeigen. Bei uns Deutschen ist die Hitze am größten, wenn die Sonne ihren höchsten Stand erreicht. Denn dann ist ihr Herbst und ihre Ernte da. Im Winter ist die Kälte da, nicht, weil sie nieder steht, denn es ist die alte Sonne, die zu jeder Zeit durch ihre Strahlen Hitze liefern kann, sondern weil zu dieser Zeit nicht ihre Ernte ist, sondern ihr Brachmonat. Alle Früchte sind nämlich in der Brach und in der Ernte. Wenn es in Äthiopien und sonst am antarktischen Pol heiß ist, ist es bei uns kalt. Es ist dort ihre Ernte und bei uns die Brach. Sie hält also Brachzeit viel und wenig. Denn alle Dinge, die Frucht geben sollen, müssen (in der Zeit nach der Ernte) ruhen und schlafen. Wenn diese Brachzeit nicht bei der Sonne wäre, wäre ihre Hitze bei uns im Winter wie im Sommer.

Da die Sonne eine Brachzeit hat, sind die Ernte und der Herbst der kalten Sterne so angeordnet, dass das ganze Jahr nicht mehr ohne Frucht ist. Denn so fällt der Schnee und so kommt der Nordwind. Dann kommen der Südostwind und der Südwind, sie sind das Gespann der Sonne. So werden Winter und Sommer, Tag und Nacht und das Jahr. Durch ihren Gang kommt es von einem Herbst zum anderen, es kommt das Jahr der Sonne, das Jahr der Sterne.

Nun ist weiter zu wissen, dass die Trockenheit und Feuchtigkeit mitlaufen und zwar so. Die Trockenheit ist in der Hitze, das ist in der Sonne. Sonst ist keine Trockenheit im ganzen Element Feuer, nur was die Sonne in sich hat. Die Feuchtigkeit ist in der Kälte, das ist in den kalten Sternen, die einen roten Schein haben. Die Feuchtigkeit kann bei Hitze nicht bestehen, denn die Hitze verzehrt jede Feuchtigkeit und will Trockenheit haben. Die Kälte besteht bei keiner Trockenheit, denn was kalt ist, das löst sich, wenn die Hitze sich koaguliert. So ist das Element Feuer in zwei Teile geteilt, in einem ist die Trockenheit, in der Sonne, in den anderen ist die Feuchtigkeit, in der Kälte. Wenn die Kälte trocknet, ist dies eine Trockenheit, die mit der fremden Feuchtigkeit zu vergleichen ist, wenn nämlich jemand in der Sonne schwitzt. So ist dies auch eine fremde Kälte. Es ist wahr, dass ein feuchter Körper auf der Erde durch die Sterne getrocknet werden kann, aber nicht durch ihre trockene Art, sondern durch ihre Kälte können sie koagulieren, dass ein Körper wie trocken wird. Ihre trockene Natur ist wie ein gefrorenes Wasser zu verstehen. So hat auch die Sonne Feuchtigkeit. Durch ihre Hitze löst sie das Wachs, welches zergeht, und das Unschlitt. Ebenso der Agapas (?). Was geht aber das den Grund an? Nichts. Es dient auch nur als Beispiel. So sind in den Sternen trockene Dinge, der Schnee, das Rieseln, der Reif, die Hagelkörner, die Blitze, desgleichen die Metalle und Steine, die von ihnen kommen. Was für eine Trockenheit ist der Schnee, der nicht trocken bleibt? Was für eine Trockenheit ist der Blitz, der nicht bleibt? Was für eine Trockenheit ist das Metall, das wieder in seine erste Materie geht, und anderes dergleichen? Was ist die Feuchtigkeit der Sonne? Sie bleibt nicht. Sie macht den Agapas feucht, sie lässt aber nicht von ihm und sie macht ihn wieder trocken. Dann wird er nicht mehr feucht. Das Feuer macht auch das Holz trocken, so dass es nicht mehr feucht wird, nämlich die Asche. Was tut aber der Stern? Er macht den Salpallam (?) feucht. Dieser wird nicht mehr trocken, sondern bleibt feucht. Sie machen den Regen, der feucht bleibt und nicht mehr trocken wird. Alles rinnt aus dem Fass, es rinnt, wohin es will. Noch ist es feucht, noch ist es nass. Was also trocken ist, steht in der Hitze, was feucht ist, in der Kälte. Die Trockenheit wird nicht mehr feucht und die Feuchtigkeit nicht mehr trocken. Der Kalk bleibt Kalk, Glas Glas, Wein Wein und andere ähnliche Beispiele.

Damit das Element Feuer weiter verstanden werde, wollen wir zuerst die Sonne beschreiben; die ist so: Die ganze Hitze ist in ein Magdalion (vgl. Medaillon) gezogen, das rund ist. Darin ist der ganze weiße Glanz. Der ganze weiße Glanz und die Hitze sind ein Magdalion, das aus dem feurigen weißen Sulfur, aus dem edelsten Mercurius über alle anderen Elemente hinaus und durch den subtilsten Salzgeist koaguliert ist. Aus diesen drei ersten Dingen besteht die Sonne. Sie ist so dürr und heiß, dass keine Feuchtigkeit Platz hat, sondern verzehrt wird. Wie Feuer das Holz verzehrt, so verzehrt sie die Feuchtigkeit. Es ist zu verstehen, dass täglich das Wasser des Regens, das der Erde und das von den anderen drei Elementen verzehrt und genommen wird, so dass nicht zu viel Wasser bleibt. Die Sonne ist der Tod der Art des Wassers und des Meeres, des Rheins und der Donau, des

Nils und des Tibur. Durch ihre Hitze werden sie verzehrt, so dass sie nicht überhandnehmen. In allen Dingen ist der Tod nur deshalb, damit nicht zu viel davon da sei, sondern nur ein bestimmtes Maß bleibe. Der Mensch hat also einen unsichtbaren Tod. Die Trockenheit hat einen Tod, nämlich das Wasser. Das Wasser hat einen Tod, nämlich das Feuer. Was das Feuer verzehrt, kommt nicht an einen anderen Ort, sondern es geht ganz hin in seiner Form. Nur der Spiritus bleibt. Dieser verzehrt die Sonne. Das ist der richtige Tod, der die drei Elemente ganz verzehrt, auch den Menschen auf seinem Erbgut, den Bären in seinem Loch.

Nun ist von der Sonne weiter zu philosophieren. Sie nimmt ihren Gang durch die göttliche Vorsehung, die ein Ding und alle Dinge wohl kennt, wo und wie sie stehen sollen. Sie gibt eine Stätte und einen Platz, Gestalt und Form, Weg und Steg. Gott hat bestimmt, dass sie ihren Kreis um die Erdkugel beschreiben soll, nur wegen des Herbstes und der Ernte der Sonne. Durch diesen Gang sind Tag und Nacht, Sommer und Winter, Licht und Finsternis bestimmt. Sie werden einem Land gegeben und dem anderen genommen. Bei ihrem Gang entsteht kein Wind, sondern sie geht wie eine Kugel auf der Erde, von der kein Wind kommt. Sie nimmt auch keine Hitze an. Wenn eine Kugel hundert Jahre liefe, würde sie trotzdem nicht von selbst heißer. Ist sie heiß, dann muss sie vorher heiß gewesen sein. Die Sonne ist eine schleichende Kugel und sie kann im Wesen ihres Ganges und in ihrer Natur mit den Vögeln verglichen werden. Sie vermindert die Hitze, und zwar durch ihre Brachzeit. Der Schein bleibt aber immer gleich. Da ist ein fixes Magdalion, das vom ersten Punkt bis zum letzten in der gleichen Form und Weise wegen seines Lichtes, des Sulfur, des Mercurius und des Sal bleiben wird. Wir haben nur ein Jahr, dieses dauert vom ersten Yliaster bis zum letzten Yliaster, da zu der Zeit eine neue Welt entsteht. Es ist ein Jahr der Sonne. Alle Sterne haben diese Beständigkeit und es ist ein Jahr des Feuers oder ein Jahr der Sterne. Es hat die Zeit der Welt bis zu deren Tochter in sich.

Nun ist aber weiter von anderen Sternen zu reden, in denen die Kälte steht und der rote Schein, der Mond, die Planeten und andere. In dem roten Schein ist eine andere Ruhezeit als in der Sonne. Der Mond ruht nicht, sondern er stirbt ab und geht dahin. Es bleibt nur ein Samen, und aus diesem wächst ein neuer Mond. Seine Geburt ist so, dass sein Samen die wachsende Kraft von der Sonne nimmt. Denn alles, was da wächst, wächst durch die Sonne, durch ihre Hitze. Nichts wächst ohne sie. Da nun der Werkmeister den Mond geschaffen hat und bestimmt hat, dass er zunehme und abnehme, hat er der Natur bestimmt, dass der Mond als Samen sich mit der Sonne vereinige und von ihr die wachsende Kraft empfange. Wenn er bis zu seiner höchsten Kraft und Größe gewachsen ist, nimmt er wieder ab. Was wachsen soll, muss nämlich wieder abnehmen. Wie der Mensch durch seine Krankheit abnimmt und dahinschwindet, so ist das Abnehmen des Mondes seine tödliche Krankheit. Er schwindet dahin und lässt nur einen Samen zurück. Dies ist ein Phönix des Firmaments, aus dem immer ein neuer Mond entspringt. So verhalten sich auch andere Sterne. Sie bestehen aus der Röte des Sulfur, Mercurius und Sal und sie haben die Kälte des Sulfur, Mercurius und Sal. Der Mond nimmt seinen Gang von der Kraft, von der auch die Sonne ihren Gang hat. Er hat viele Wirkungen wegen seiner Kälte und Nässe auf die Erde, denn die Kälte ist in diesem Element des Feuers größer als in anderen Sternen. Die anderen Sterne sind auch aus diesen drei ersten Dingen zusammengesetzt, aber in viele Teile geteilt. Die Kälte des Elements Feuer ist hier in viele tausend Grade geteilt, in viele Wesen und Naturen. Aus manchen Sternen entstehen Winde, die über die ganze Erde ziehen, aus anderen Regen, Schnee und dergleichen. Daher gibt es verschiedene, damit verschiedene Arten und Kräfte von ihnen auf die Erde dringen. Dies könnte nicht geschehen, wenn nur ein Magdalion wie die Sonne da wäre, die nur ein Wesen hat, nämlich die Hitze. Aber in den Sternen sind viele kalte Naturen. Die Kälte erzeugt nämlich viel mehr Wirkungen als die Hitze. Ein hitziger Mensch ist gesund, ein kalter hat viele neue Wesen an sich, einer mehr als zwanzig hitzige. Da die Kälte der Natur das Widerspiel der Sonne mit seltsamer Art ist, ist das Element Feuer in viele Sterne geteilt worden, damit jede Kraft ohne Irrtum eines anderen Wesens für sich selbst bestehe und sei. Denn von ihnen stammen auch warme Winde, warme Regen, warme Gewitter, Blitze, Drachen, Lanzen und dergleichen. Doch das alles ist ein kaltes Feuer ohne Brunst. Was aber heiß ist und brennt, hat seine Ursache vom Zufall, wie die entsprechenden Kapitel anzeigen. Hier ist zu verstehen, was von den Eigenschaften der Sterne angegeben wird. In diesem Büchlein werden alle Arten der Wirkungen, von einer Art zur anderen, angezeigt.

## Über das Element der Erde.
## Über die Materie und das Wesen des Elements der Erde.

Nun ist von dem Element der Erde zu philosophieren. Ihre Materie ist zuerst entstanden, indem die drei ersten Dinge des Elements aus dem großen Yliaster von den ersten Dingen der zwei anderen Elemente in eine andere Form und in ein anderes Wesen geschieden wurden. Zuerst ist nicht nur das Element der Erde, sondern auch das Element des Wassers mit ihm geschieden worden und beide sind in einer Kugel zusammengefasst worden, die das Zentrum der äußeren Elemente ist. Von diesen zwei Elementen wurde zuerst die Erde bereitet, dann das Wasser. Von der Erde ist zu wissen, dass jede Kraft und Art, die im großen Yliaster gewesen sind, um den Menschen und das Vieh mit Speise und sonstiger Notdurft zu ernähren, in das Element Erde gekommen sind, nämlich alle Bäume, Kräuter und andere Gewächse der Erde. Sie sind von den anderen drei Elementen geschieden worden, so dass diese Kraft nur im Element der Erde ist und sonst in keinem anderen Element. Das Element der Erde hat einen besonderen Yliaster. Es erzeugt die Nahrung und ist ein Element, weil in ihm die Kraft der nährenden Dinge ist, die für die Lebenden notwendig sind.

Die drei, Sulfur, Sal und Mercurius, aus dem großen Yliaster von der Art des Elements Erde gewonnen, sind das Element Erde. Denn das Element und die anderen drei waren ein Yliaster und in diesem waren die vier Elemente. Sie sind geschieden worden und der Yliaster ist untergegangen. Daher müssen die vier Elemente nicht mehr beieinander sein. Jedes ist an eine besondere Stätte gestellt. Daher arbeiten die vergebens, welche die vier Elemente scheiden wollen oder ein fünftes Wesen suchen.

Aus diesen drei ersten Dingen, die von den drei anderen Elementen geschieden wurden, ist die Materie der Erde entstanden, wie sie geformt ist. In der gleichen Weise ist die Luft zum Himmel geworden, das Feuer zum Firmament und das Wasser zum Meer. Durch die Scheidung ist das Element eine Materie geworden und hat die Form einer Kugel angenommen. Sie ist in die Mitte der Welt gesetzt worden und in ihr sind alle Kräfte der Bäume, der Kräuter, der Schwämme. Aus ihr sollen alle Geschlechter für die Welt hervorgehen, die hinein gesät sind.

In diesem Element Erde liegt der Samen des Holzes, der Wurzeln, der Kräuter und der Schwämme. In ihr ist die Kraft, dass der Stamm an den Tag kommt und nach dem Willen des Sämanns verpflanzt und gezügelt werden kann. Dieser Samen liegt unsichtbar und kommt aus der Art des Elements. Die Erde ist das Haus und die Stätte des Samens, in ihr wird er gekocht. Zuerst teilt sich die Kraft in das Geschlecht, so dass nicht zwei beieinander bleiben, sondern jedes Geschlecht allein. Er teilt sich in Holz, in Kräuter, in Schwämme. Jedes von diesen wieder in sein Geschlecht, das in eine Zeder, das in Anthos, das in Balsam, das in Botin. Unter den Kräutern das in Melissa, das in Lilien zwischen Dornen und so auch in anderes. Damit aber der Samen bei der Scheidung richtig verstanden werde, das ist bei der Scheidung des großen Aniadus, ist zu wissen, dass die Art der Bäume an einen Ort geführt wird, an einen zweiten Botin, an einen dritten. In der gleichen Weise hat bei den Kräutern der Aniadus in ein Land Gras, in ein zweites Klee, in ein drittes Lavendel geworfen. Jedem Land hat er seine Kräuter und Bäume gegeben. Daher sollen wir darauf achten, wie der Aniadus gefallen ist.

Der Aniadus ist mit den Bäumen in verschiedene Länder gefallen, so dass in einem Land Pomeranzen wachsen, in einem anderen Schlehen, in einem Feigen, wieder in einem anderen Buchen. Feigen und Pomeranzen wollen ein besonderes Erdreich haben und auch einen entsprechenden Himmel, um wachsen zu können. Wenn die Erde und der Himmel ungleich sind, kann diese Frucht nicht wachsen. Ihr Samen verdirbt und geht nicht auf. Obwohl er da ist und liegt, dörren ihn doch der Himmel und die widerwärtige Natur der Erde aus, die infolge des Himmels und nicht aus eigener Natur verschieden ist. Eine Erde ist überall, aber durch den Himmel kommt es zu einer Veränderung. So können dann Gewächse hervorgebracht oder verhindert werden. Da die Sonne, die Art der Lilien und andere edle Kräuter verbrennt oder zu wenig hat, ist an diesem Orte der Samen, den die Sonne durch die Kraft dieser Blumen oder Bäume nicht verbrennen oder trocknen kann. Sie muss ihn grünen lassen. Wenn die Sonne zu schwach ist, kann er auch nicht fruchtbar werden. So wachsen Kräuter und Bäume, die von selbst aus der Erde wegen der gemeldeten Mängel nicht wachsen können, wenn man sie pflanzt.

Nun ist vom Element der Erde mehr zu philosophieren. Zweierlei Früchte kommen von der Erde. Die einen liefert die Erde selbst, die anderen durch Samen. Von der Erde kommen alle Gewächse durch das Element auf zwei Wegen, von selbst aus eigenem Samen oder von den gegebenen Samen. Wenn eine Erde Kräuter liefert, ist dies der eigene Samen und ein selbst gewachsenes Kraut. Wenn man den Samen sät, ist es ein gegebener Samen. Daher sind hier zweierlei Gaben der Kräuter. Korn und Weizen wachsen nicht von selbst aus der Erde, sie müssen gesät werden, desgleichen Lilien und Birnen. Nun ist hier die große Philosophie dieses Traktats, woher die Samen kommen, die nicht aus der Erde wachsen. Wenn Korn und Weizen nicht an einem Orte gesät werden, wachsen sie nicht, Gras und Heu wachsen nur. Gras und Heu sind ein Gewächs der Erde selbst, Äpfel und

Kirschen aber nicht. Es muss eine andere Philosophie da sein, wie das Korn und der Obstbaum geboren worden sind. Aus dem Paradies sind die Samen dieser Dinge geboren und gesät worden. Ihre Frucht ist wie das Paradies zu verstehen und wie Christus Gott und ein sterblicher Mensch ist.

Aus dem Samen geht ein Gewächs hervor. Es ist zu wissen, dass der Samen von der Erde nichts hat, nur das Wachsen. Die Kraft seiner Form und das andere sind das Paradies und dies wird im Paramirum angezeigt. Was aber von der Erde ist und das Element betrifft, ist so: Die drei ersten Dinge der Erde mischen sich im Samen. Darin ist das Holz und das Kraut. Das wird beendet, was vorher da war. Was aus den Samen wird, ist noch nicht eröffnet. Aus dem wird zuerst eine Wurzel, aus dem anderen der Stamm. Von der Wurzel und dem Stamm gehen die Äste aus. Von den dreien gehen die Blätter aus und später die Blüten und Früchte. Dieses Gewächs formt sich aus dem großen Aniadus und gleicht dem Menschen. Es hat seine Haut, das ist die Rinde, sein Haupt und Haar sind die Wurzeln, es hat seine Figur und seine Zeichen, seine Sinne und seine Empfindlichkeit im Stamm. Nach einer Verletzung stirbt es daher. Es hat Laub, Blumen und Früchte als Zierde, wie im Menschen das Gehör, das Gesicht und die Sprache sind. Sein Gummi ist sein Kot, sein Moder ist sein Übergewächs, seine Mistel ist seine Krankheit. Bei seinem Wachsen ist nur von der Art des Aniadus zu philosophieren, der alle Formen formt und in das bestimmte Wesen bringt. Sein Tod und sein Sterben sind die Zeit seines Jahres. Ein Birnbaum steht zehn Jahre oder zwanzig. Dann tötet ihn die Zeit und das Gewächs der Erde stirbt. Die Zeit ist sein Tod. Seine Verzehrung ist das Element Feuer. Das Feuer verzehrt das Holz, das Laub, das Gras. Alles, was auf dem Felde bleibt, beginnt zu faulen und (zu vergehen). Die Sonne und der Galaxische Gang nehmen es hin. Es bleibt nicht auf der Erde, wie wenn es nie gewachsen wäre. Es vergeht wie das Holz im Feuer. So werden die Gewächse verzehrt und gefressen, dass nichts übrig bleibt und sie nichts erfüllen. Der Staub wird durch große Winde entfernt und der Mist geht durch das Element zugrunde, so dass im nächsten Jahr kein Stäublein, oder etwas, das von ihm übrig geblieben wäre, gefunden wird.

### Über das Element des Wassers, zugleich mit seinen Früchten.
### Über die Form des Elements des Wassers.

Am Anfang ist vom Element Wasser zu wissen, wie es in seinem Ursprung ist, in welche Teile es geteilt wird und was seine Früchte sind, auch, was

das Element selbst ist. Das Element Wasser ist ein Samen aus dem Ylech. Es liefert die Stämme und Früchte. Die Früchte des Wassers sind die Steine und Metalle mit so viel Geschlechtern als ihrer sind. Vom Samen des Elements Wasser ist zu philosophieren. In der Werkstätte liegt dieser Samen wie der Samen in der Erde. Von der Werkstätte kommen der Stamm, seine Äste und seine Früchte. Aus diesem Samen wächst ein Stamm. Er kommt durch das Erdreich an den Tag hervor und liegt und ist im Erdreich. Wie das Element der Erde seine Frucht im Körper des Chaos hält, so ist die Erde der Körper, der die Gewächse, Bäume und Früchte des Baumes des Elements Wasser enthält. Denn es gibt kein Element, das nicht einen Körper hat, in dem es getragen wird. Das Chaos trägt die Wirkungen, das Element Feuer trägt die Früchte der Erde, die Erde die des Wassers, das Wasser die der Luft. So werden die Früchte eines jeden Elements in einem anderen getragen. Aus dem Samen des Elements geht sein Baum hervor, hier nämlich ein fließender Bach, und dieser ist in der ganzen Erde verteilt. Alles ist nur ein Baum, ein Ursprung, eine Wurzel von einem Stamm.
Alle Bäche, die in der ganzen Erde sind, sind Äste dieses Stammes von diesem Baum. Jede Feuchtigkeit der ganzen Erde ist der Abfall der von den Ästen dieses Baumes abfällt und durch ihr Abdestillieren alle Gänge der Erde durchdringt. Es ist nicht anders als die Reiser von den Tannen zu vergleichen, die auf die Erde herabfallen. So fallen die Reiser vom Wasser in die Höhle der Erde.
Also dermaßen, wie angezeigt wurde, ist der Ursprung des Elements Wasser. Das Wasser und alle seine Früchte kommen nur vom Element, aber sie sind nicht das Element. Das Element ist nie gesehen worden und ist das Element des Wassers. Es kommt nichts anderes als Wasser hervor. Es heißt Element des Wassers wegen des Wassers und seiner Früchte, nicht wegen der Komplexion und Qualität. Dies ist auch von anderen Elementen zu verstehen.
Von seinem Lauf und Gang, von seinen Stätten und Orten ist aber zu wissen, dass der Baum für sich selbst einen Ausgang und ein Ende hat, er entspringt und stirbt, er wird und zergeht. Jedes fließende Wasser ist neu und nicht alt. Es ist nie vorher gesehen worden. In der Mitte der Erdkugel liegt das Element Wasser und auf der Oberfläche ziehen die Äste von der Wurzel dem Tage zu. Es wachsen viele Äste dieser Wurzel, der Ast Rhein, der Ast Donau, der Ast Nil etc. Andere kleine Äste sind auch Äste dieser Wurzel, die aus dem Samen des Elements Wasser wächst. Alle Stämme sind von einem Baum und sie wachsen von der Wurzel heraus nach den

drei Dimensionen in den Kreis des äußeren Firmaments der zwei Elemente Feuer und Luft. Der Baum liegt also nach den drei Dimensionen auf der ganzen Erdkugel verteilt. Es wächst der Stamm, auch seine Äste vom Zentrum der Erdkugel so lange, bis er zu den äußeren zwei Elementen kommt. Da ist das Ende seiner Linie. Denn weiter sind seine Körper und sein Yliadus nicht. Wenn der Yliadus an dem Ort nicht gesetzt würde, würde jeder Baum weiter zum Himmel oberhalb der Erde wachsen als er in der Erde ist. So verhält es sich auch mit den Früchten des Elements Erde. Sie wachsen nicht weiter, nur so weit ihr Yliadus reicht, nämlich das untere Chaos der Erde, das nicht höher auf der Erde liegt, als die Gewächse sind. Daher gibt es zwei Chaos. Das obere ist das Chaos, in dem das Feuer erhalten wird. Wenn der Yliadus nicht wäre, so würde das Element der Erde seine Früchte in den mittleren Himmel schicken.

So würde es auch das Element des Wassers tun. Der Lauf und Gang, der Stamm des Baumes ist so, dass er auf der Ebene der Erde seinen Yliadus erreicht, er erreicht seine Höhe und hier ist sein Ende. Aber davon ist zu sprechen, wohin es zuletzt kommt, wenn es im Yliadus liegt. Die Philosophie ist so, dass alle Äste ihren Yliadus im Meer abschließen, da kommen alle zusammen. Denn wie eine Wurzel vorhanden ist, so kommt es in eine Spitze und Dolde, das ist das Meer. Das Meer für sich selbst ist kein Stamm, noch Baum, nur eine Dolde der Stämme. Es wächst nicht aus der Wurzel für sich selbst, sondern es entsteht durch die Äste. Dass es aber versalzen ist, verursacht die Stätte, weil auch Salzwässer darein laufen. Sein Aufstand und Abgang kommt davon, weil jede Feuchtigkeit in der Nacht schwelgt und hingeht und mit dem Tage wieder aufsteigt der Höhe zu. Das ist Clisso. **Clissus** ist im Wasser wie in anderen Früchten, ein Auf- und Absteigen, ein Hingehen und wieder Aufgehen (=elektromagnetisch. Der Hrsg.).

Wie dies nun zu wissen ist, so soll auch sein Tod verstanden werden, das ist seine Verzehrung, denn nichts ist ohne eine Verzehrung. Diese soll so verstanden werden, dass jedes Ding der Fäulnis unterworfen ist und fault, wenn es in seinen Yliadus kommt. Jede Fäulnis ist eine Verzehrung und ein Schwinden des Dinges in dem es ist. Es wird verzehrt, wie wenn nichts da gewesen wäre. Das ist mit der Natur gehandelt. Denn wie es die Natur produziert, so nimmt sie es wieder hinweg. Wie es aus dem Nichts entsteht, so kommt es wieder in das Nichts. Es ist zu verstehen, dass das Element des Wassers auch dem Verderben unterworfen ist. Es kommt in die Dolde, das ist in das Meer. Hier fault es und verzehrt sich in ihm selbst ohne alle andere Hilfe. Von seiner eigenen Art und Natur aus fault es und verzehrt es sich. Wie das Feuer sich selbst hinnimmt und auslöscht, so schwindet und verzehrt sich auch das Wasser. So sind der Baum des Elements Wasser und seine Äste verteilt. Was aber in ihm ist und liegt, sind Früchte, deren Natur, Wachsen und Entstehung später angegeben wird. Es ist seine Art, dass es manche Früchte in sich trägt, manche auswirft und manche ganz wegwirft. Es ist besonders zu wissen, wie viele verschiedene Wege, Flüsse, Gänge, Arten und Wesen aus ihm entspringen. Damit alles, was aus dem Element des Wassers bis zu seinem Tod entspringt, verstanden werde, ist zu wissen, dass die Äste und nicht die Früchte in die Dolde kommen.

Vom Tod der Früchte ist darum besonders zu wissen, dass sie alle bis in das Drachum bleiben. In derselben Stunde werden sie verzehrt, wie beim Drachum später angezeigt wird.

Nun gehen wir zum Ursprung der Früchte über. Es ist zu wissen, dass alle Früchte des Elements Wasser, Salze, Minerale, Edelsteine und Steine sind. Es gibt also vier Arten der Gewächse aus dem Samen des Elements Wasser. Das Süßwasser ist der Stamm, nach seiner Art sind vielerlei Früchte in der Mutter. Es gibt eine Mutter der Salze, eine der Minerale, eine der Edelsteine und eine der Steine. Das Wesen jeder ist vielfach geteilt. Von den Salzen gibt es drei Früchte, Salz, Vitriol und Alaun. Jedes von diesen hat wieder viele Arten, es gibt viele Arten des Salzes, viele des Vitriols und viele des Alaun. So verhält es sich auch mit den Mineralen. Manche sind Metalle, manche Marcasitae, manche Cachimia und jedes hat wieder viele Arten. Es gibt sieben Metalle, neun Marcasitae und zwölf Cachimiae. Von jedem Metall gibt es wiederum verschiedene Arten. Das Gold ist fest und nicht fest, das Silber ist fest und nicht fest, Venus ist Kupfer und Zink. Dies ist auch von den anderen Metallen zu verstehen und es wird in den entsprechenden Kapiteln verzeichnet. Es gibt auch vielerlei Arten der Marcasitae und Cachimiae in sich selbst. Von ihrem Ursprung und Gang, ihrem Herbst, ihrer Ernte und ihrem Schnitt ist zu wissen, dass alle Früchte, die von dem Element Wasser stammen in seine Äste und Bäume verteilt werden. Das Salz hat seinen besonderen Ausgang mit dem Süßwasser bis zum Ende seines Yliadus. So verhalten sich auch die anderen. Von der Teilung und Scheidung ist zu wissen, dass alle diese Früchte in einer Wurzel sind. Daraus wächst jede Art nach ihrem besonderen Wesen. Von einem Samen wächst ein Baum, das Holz gesondert, die Rinde gesondert, die Früchte gesondert, die Blätter gesondert und alles zusammen ist ein Baum. Aus einer Wurzel wachsen hier viele hunderterlei Früchte. Jede

Frucht kommt in ihren Yliadus und in ihre dreifache Dimension, wie es der Werkmeister bestimmt hat. Die Verteilung aus dem Yle kommt in den Stamm und es kommt zur Geburt einer Frucht nach seiner Art. Dann werden verschiedene Früchte gefunden, die vom Element Wasser stammen. In einem Stamm ist Salz, im zweiten ein Mineral, im dritten etwas anderes. Wie auf der Erde jeder Samen seine Frucht liefert, so ist hier der Samen des Wassers Samen vieler hunderterlei Dinge, die aus ihm wachsen. Wenn sie in ihren Yliadus, kommen und die Zeit des Herbstes erwarten, werden daraus die Ernte und der Herbst der Frucht eines jeden Astes. Der Herbst, die Entstehung, das Wachsen und das Herkommen jedes Dinges werden dann gesondert beschrieben.

## 3. Über die Entstehung des Menschen.
**Philipp Theophrastus Paracelsus.**

### Vorrede:

Wenn wir nun über die Entstehung des Menschen philosophieren sollen, wollen wir einen vollkommenen Menschen als Vorbild nehmen und von diesem seine Proben erzählen. Das folgende Kapitel spricht über den freien Samen, wie er von ihm geboren wird und wie er von seinem Vater auch geboren wurde und so weiter zurück bis zum ersten Menschen. Es wäre auch gebührend, den ersten Vater aller Vorfahren anzusehen, da aber dieser nicht geboren wurde, sondern geschaffen wurde, wollen wir dies hier bei der Empfängnis des Kindes nicht einmischen. Das Wesen des Geschöpfes haben wir in dem Abschnitt über das Geschöpf erklärt, daher berichten wir dies hier nicht. Es fallen uns zwar auch etliche Vorbilder ein, die uns zu philosophieren bewegen, dass mehr als ein Vater im ersten Geschöpf des Menschen gewesen sei, so ein besonderer Vater der Einäugigen, ein besonderer der Gnome, ein besonderer der Zweifüßigen. Denn die Philosophie kann nicht erklären, dass ein zweifüßiger Vater einen Zyklopen gebären soll, sondern das Gegenteil sollet ihr verstehen. Denn gleiches hängt nur mit Seinesgleichen und nicht mit anderem zusammen. Wir wollen hier in dieser Philosophie die Argumente in ihrem Werte lassen und uns vornehmen, den Grund der Geburt eines vom anderen zu ergründen und zu erklären. Dabei erzählen wir, wie die Empfängnis der Kinder von Gott angeordnet und bestimmt wurde.

Nun wollen wir uns die Zweifüßigen als Beispiel vornehmen. Wie die Geburt dieser ist, so ist auch die der anderen Sekten, die da nicht zweifüßige sind. Es gibt viele Sekten in der Form und die Form und die Natur in ihrem Wesen sind geteilt. Wir zeigen euch die Ursachen an, warum wir die Zweifüßigen als Beispiel genommen haben. Es ist nicht deshalb geschehen, weil wir von dieser Sekte sind, oder weil sie uns mehr bekannt ist als die anderen oder weil sie den größten Teil der Welt besitzen. Das war nicht die Ursache. Das ist die Ursache, dass wir daran denken, dass Christus als zweifüßiger Mensch geboren wurde. Wir glauben daher, dass die anderen Sekten nicht vollkommen in der Form sind, sondern etwas bresthaft. Der Form der Zweifüßigen fehlt nichts. Die Einäugigen können zwar auch sehen und den Zyklopen geht am Laufen nichts ab. Alle Sekten sind in ihrem Wesen gleich, wir halten sie für vollkommen, sie gefallen sich selbst wohl wie die Zweifüßigen. Es kann aber doch ein Unterschied gefunden werden, dass sie wegen der Form und nicht wegen einer besonderen Seele geschaffen wurden. Das Leben und die Vernunft fehlen ihnen auch nicht wie den Zweifüßigen. Wir lassen sie auch die Ewigkeit erlangen und in ihrem Ewigen ist kein Tadel der Form. Sie sind aber ein Missgewächs der Schöpfung und davon wollen wir nicht weiter reden. Wir denken daran, dass Missgewächse auch bei der Schöpfung gewesen sind, wie Missgewächse im vermischten Lauf der Natur gewachsen sind.

Damit aber unser Vorhaben nicht weiter verlängert werde, wollen wir auch die Einführung unseres Vorhabens anzeigen. Die Geschlechter und Sekten der Menschen, in welchen das Ewige ist, und die Form, die verschieden ist, wie wir erzählt haben, wollen wir nun fahren lassen und wir melden, dass etwas im Wasser ist, was auch das Ewige hat, wie Meerwunder oder eine andere Gestalt, die auch wir an uns haben. Da wir spüren und erkennen, dass im Wasser eine Welt ist, verursacht uns dies, dass wir unsere Welt nicht eine Welt nennen wollen, sondern nur den vierten Teil der Welt. Denn es kann nicht widersprochen werden, dass in der Erde auch eine Welt ist, in der gleichen Weise in der Luft und im mittleren Himmel. Aber wir wollen hier in diesem Büchlein mit den drei anderen Welten das Vorhaben dieses Buches nicht zerstören und wir wollen daher von den drei anderen Welten weiter keine Lehre halten. Sondern wir wollen nur die Geburt dieser Welt und die Empfängnis ihrer Kinder in diesem Buch abschließen.

Die Empfängnis dieses Volkes im ersten Viertel der Welt der Zweifüßigen wird uns ein Vorbild sein. Dann wollen wir auch anzeigen, dass die Empfindlichkeit derjenigen, die im zweiten Viertel der Welt, im Wasser, wohnen, anders ist und dass sie auch eine andere Empfängnis haben. Eine andere ist auch im dritten Viertel der Welt, in der Erde und eine andere in der Luft, im vierten Viertel. Wir lassen hier die anderen Werke aus und besprechen den zweiten vierten Teil in nachfolgenden vier Büchern, die Mannigfaltigkeit ihrer Form, Gestalt etc., wie sie sind. Sie sind ein Missgewächs der Schöpfung, wie wir früher angezeigt haben. Bei der Schöpfung sind sie missraten und so auch all ihr Samen. Denn es ist ein Geschöpf wie ein missratenes Kind und so ist auch sein Gewächs. Es gebärt aber nicht weiter seinesgleichen, weil es nicht so geschaffen wurde. Es behält daher nicht die Form und nicht die Natur. Damit wir euch aber nicht beirren, wollen wir zu den vier Büchern eilen und euch unterrichten. Wir wollen anfangen und vom Geschöpf unterrichten, damit ihr die nachfolgenden Kapitel besser verstehet, die zum Buche der Schöpfung gehören. Etwas Widerwärtiges wird uns zugeschrieben und unterworfen, weil wir von dem Missgewächs und dem Ewigen jeder Form reden, wie wir auch die Teilung in vier Teile angezeigt haben.

**Das Buch über die Entstehung des Menschen.**

Frei und ledig ohne jeden Zwang hat also Gott den Samen des Menschen geschaffen, dass er still und verborgen im Menschen liege, dass er in keiner Weise beschwert noch gezwungen werde. Der Samen des Menschen ist zu verstehen, von dem ein zweiter Mensch geboren wird. Er ist einem Kornsamen im Acker gleich. Er ist wie tot und still ohne jede Wirkung. Der ganze Mensch ist ein Samen. Die Wirkung des Samens ist tot und nicht fruchtbar, solange es nicht zu einer Zusammenfügung kommt, wie des Ackers mit seinem Samen. Wir sagen von der Geburt des Menschen, dass nichts da ist, nur eine gebärende Kraft im Menschen. Jeder Mensch, er sei Frau oder Mann, ist ohne Samen und hat keinen Samen in sich. Es wird nun gesagt, dass kein Korn ohne Samen wächst, kein Baum ohne seinen Samen. Das Korn oder der Samen, von dem alle Gewächse wachsen, ist wesentlich in den Müttern. Diese tragen ihn und wirken auf ihn. Der Samen und das Gewächs sind ein Ding. Aber im Menschen ist dies nicht so. Denn der Mensch hat keinen Samen in sich, der in ihm wesentlich wäre, oder in seiner Natur gebildet oder mit seiner Natur vereinigt werde. In allen anderen wachsenden Dingen ist der Samen mit seiner Mutter vereinigt, nur in den empfindlichen Dingen nicht. Diese haben keine Vereinigung im Samen mit ihrer Mutter. Wir haben angezeigt, dass die Geburt aller wachsenden Dinge zweifach ist. Eine ist so, dass die Natur und der Samen in einem Wesen sind, die andere ist nicht so, sondern das Wesen der Natur ist bei ihr ohne Samen. Davon wollen wir weiter berichten, nämlich von den unempfindlichen Dingen, was sie vermehrt und gebärt. Wir legen euch als Beispiel die Geburt des Menschen vor und diese ist so:
Der Mann hat keinen Samen in sich, der seinesgleichen gebären könnte. Die Frau auch nicht. Daher reden die blinden vermeintlichen Ärzte unrichtig, die große Bücher über das Sperma schreiben. Denn sie lügen, dass das Sperma sei, was sie Sperma nennen. Damit wir aber nicht unser Kapitel mit diesen blinden Barettleuten verlängern, wollen wir euch kurz zum Text unseres Vorhabens führen. Dabei sollet ihr endlich wissen, dass gar kein Sperma weder in den Frauen noch in den Männern ist. Mit diesem Grund beginnen wir unseren Text.

Wir wollen also, was wir angezeigt haben. Gott hat allen Dingen, die einen nicht empfindlichen Geist haben, das gegeben, dass sie von selbst durch einen angeborenen Samen sich vermehren. In dem Samen ist die Eigenschaft, sie wohnt mit ihrer Natur, sie wächst und geht auf und ab. Der Baum ist nicht ohne die Kraft seines Samens, sondern die Kraft, durch die der Baum wächst, ist immer in ihm. Sie kann von ihm nicht geschieden und nicht genommen werden. Auch in jedem Gras, Korn, Samen etc. ist das so. Dies ist aber nicht im Menschen. Der Mensch hat nur die Natur seines Lebens in sich und was da zu allen Instrumenten seines Lebens gehört. Deshalb ist er auch zu einem Menschen geschaffen und bestimmt worden. Aber der Geist des Samens, der aus ihm einen anderen Menschen machen soll, der ist und wächst nicht in ihm. Er ist nicht wie in Bäumen und anderen Gewächsen geschaffen. Daher kann sich der Mensch damit nicht freuen noch beschweren dass er das Sperma in sich habe, sondern er lebt ohne jedes Sperma. Ihr sollet uns also verstehen, dass wir den Grund eröffnen, dass das Wesen des Samens und der Natur des Menschen nicht miteinander im Menschen geschaffen sind, sondern nur das Wesen der Natur im Leben und zum Leben und nichts vom Sperma etc.

Wir denken an keine größere Anleitung als an die große Torheit der irdischen Götter, die einen unbegründeten Einwand machen, dass das Empfindliche wie das Unempfindliche gemacht und geschaffen sei. Sie meinen, dass der Mensch wie ein Baum sei und dass der Samen in ihm wie ein Kraut wachse. Sie geben eine Lehre an, die eher lächerlich ist, als eine Lehre genannt werden kann.

Ihr sollet auch daran denken, dass alle Einwände, die die unerfahrenen Ärzte machen, so sind, dass sie den Samen Sperma nennen, während doch das Sperma kein Samen ist und auch nicht zu Samen wird. Das Sperma ist eine Reinigung der Nieren wie Rotz der Nase eine Reinigung des Gehirns ist und Ohrenschmalz der Cholera. Daher wundert es mich, dass die unverständigen Ärzte sprechen, wenn Rotz am Ausscheidungsort des Spermas austreten würde, wäre er auch Sperma oder Cholera oder der Kot der Äste. Durch die Austrittsstellen tritt der Überfluß des ganzen Körpers aus, er gehört nicht zum Samen, sondern zur Gesundheit des Körpers.

Damit wir aber von unserem Text nicht abkommen, wisset, dass das, was die Ärzte Sperma nennen, kein Samen ist, sondern eine Reinigung, wie wir gemeldet haben. Wir haben dies angezeigt, damit alles so für einen Gegenwurf erkannt werde. Wir haben den Text damit begonnen, dass der Mensch keinen angeborenen Samen hat. Dies verhält sich nur im empfindlichen Gewächse so, es habe Vernunft oder nicht. Es hat aber doch die Eigenschaft seines Gegenwurfs, soweit es notwendig ist. Diese Not ist von Gott geschaffen, damit die unvernünftigen Tiere den Gegenwurf verstehen und die vernünftigen desgleichen. Ihr sollt diese Gegenwürfe verstehen, dass Gott in das Empfindliche einen freien Willen zum Samen gesetzt hat, so dass jedes empfindliche Tier, wenn es will, Samen haben kann oder nicht. Er hat den Samen in den Willen der empfindlichen Tiere gesetzt. Er hat sie damit weder bezwungen noch beschwert wie andere Gewächse. Der Willen ist ein vernünftiges Gewächs und nicht unvernünftig. Denn der Mensch ist der edelste und er ist auch ein Vieh, das dem Gegenwurf (Objekt) folgt, denn es hat keine Vernunft.

Wie wir nun die Geburt des Menschen angezeigt haben, sollet ihr wissen, dass wir unser Vorhaben fortsetzen und ergründen wollen. Wir wollen alle anderen Tiere fahren lassen und sie für ein besonderes Buch aufsparen. Mit dem Menschen wollen wir fortfahren und das sagen: Will er, oder nicht so hat er den Samen. Denn Gott hat ihn aus vielen Gründen (die hier zu dieser Philosophie nicht gehören) so geschaffen, dass der Mensch frei sein soll. Gelüstet ihn das, so hat er den Samen, sonst nicht. Dies geschieht ungezwungen und ungenötigt. Wie dem aber sei, wir lassen diese Rede wegen des geringeren Irrtums jetzt fahren und erzählen den Text unseres Vorhabens, wie der Mensch einen Samen machen kann oder nicht. Wir schließen damit, wie er seinen Vorgang hat und zuletzt wie er in seiner Form wächst.

Nun soll der Anfang erkannt werden, wie der Mensch von Gott nach seinem Willen zum Samen bestimmt wurde. Gott hat dem Menschen die Phantasie der Lust und Begierde gegeben. Er hat sie gegeben, damit sie zu einer Materie werde. Diese Materie ist der Samen, über den wir hier berichten. Damit ihr dies aber leicht und gut verstehet, merket euch folgendes: Wenn die lustige und begierige Phantasie im Menschen vom Menschen entsteht und in seine Spekulation gesetzt und gebracht wird, so wächst ihm der Samen. Er wird aber nicht ausgelassen und hat noch nicht die Wirkung, die ein Samen haben soll. Diese Phantasie der Lust entsteht aus der Spekulation. Diese Spekulation macht, beendet und formt eine Phantasie. Diese Spekulation entsteht durch ein Objekt. Wenn ein Mann eine hübsche Frau sieht, ist sie das Objekt und die Ursache seine Spekulation. Wenn er jetzt mit seiner Vernunft an die Ursache ihres Aussehens denkt, lässt er den Willen eine Phantasie machen. Ein Mensch ist das Objekt für den anderen und macht ihm die Phantasie. Denn von selbst kann er sich die Phantasie nicht machen. Er muss ein Objekt persönlich in der Einbildung haben. Denn so hat Gott die Geburt des Menschen bestimmt, dass sie auf beiden Menschen beruhe. Der Mann bildet das Objekt für die Frau und umgekehrt. In ihnen beiden wird eine vollkommene Phantasie. Denn ein Mensch allein hat nur eine halbe Phantasie, aber beide haben eine ganze Phantasie, denn so hat es Gott geschaffen.

Da nun die Phantasie eine Mutter des Samens ist und nicht die Natur des Menschen, so ist dabei zu verstehen, dass der Samen vom freien Willen des Menschen abhängt. Er ist viel, wenig oder gar nicht da. Denn wenn der Mensch kein Objekt hat, hat er auch keine Phantasie und auch keinen Samen. Wie aber dieser Samen aus der Spekulation des Menschen entsteht, sollet ihr wissen. Die Phantasie macht den Samen und nicht die Natur.

Merket euch, dass Gott den Flüssigkeiten des Körpers die Kraft gegeben hat, wenn der Mensch sie durch seine Phantasie anzündet, ein Samen zu werden. Er liegt still und im ganzen Körper des Menschen verteilt. Wie Holz, das zum Feuer gehalten wird, sich entzündet, brennt und ein Feuer daraus wird, so verhält es sich auch mit der Phantasie im Menschen. Sie ist von Gott so erschaffen, damit sie den Menschen mache, wie sie ist. Ist sie zornig, so ist der ganze Körper zornig. Ist sie geizig, so ist der ganze Körper auch so. Vom Samen des Menschen ist dies auch zu verstehen. Der Lebenssaft ist in seiner Natur wie ein Holz und die Phantasie ist sein Feuer, das ihn wie Holz anzündet. Sie ist von Gott zum Feuer bestimmt wie der Lebenssaft zum Samen. Damit schließen wir diese Rede ab und sagen, dass das Objekt die Phantasie macht und die Phantasie den Samen, die Natur aber nicht.

Damit wir aber nicht vergessen, wie der Samen vollkommen wird zu einem Zentrum, wie er in seine Form gehen soll, verhält sich dies so: Die Gebärmutter ist von Gott dazu bestimmt, dass sie die Natur und Eigenschaft des Magneten und Bernstein hat, damit sie den Samen des Mannes an sich ziehe. Wie der Magnet das Eisen an sich zieht, der auch von Gott dazu bestimmt ist, wie Bernstein Seide anzieht, so ist die anziehende Kraft der Gebärmutter. Wenn die Gebärmutter diese anziehende Kraft nicht hätte, würde sie nicht schwanger werden und bekäme keinen Samen vom Mann. Wenn eine Frau ihre Phantasie geformt hat, liegt die Form als vollkommener Samen in einem Teil der Gebärmutter. Der Samen bleibt nicht im Körper wie beim Mann, sondern kommt schnell in die Gebärmutter. Dann empfängt die Gebärmutter durch die anziehende Kraft

den Samen des Mannes und ist nicht länger verschlossen. Jede neue Phantasie wirkt wie ein neuer Magnet. Das ist die Ursache der Empfängnis, wenn der Magnet zu solchen Magneten richtig kommt. So kommt der Samen in die Gebärmutter und es ist keine andere Ursache da. Das Objekt ist dazu geschaffen, die Phantasie zu versuchen. Sie ist dann dazu bestimmt, dass sie ihn wie ein im Acker gesätes Korn behalte etc.
Wenn aber der Samen in der Gebärmutter liegt, hat er seine Fäulnis. Er kann geraten oder auch nicht. Wie ein Korn im Acker nicht Früchte hat, wenn der Acker nicht genügend gedüngt wird, so geschieht es auch dem Samen, dass er wegen der Ungesundheit der Gebärmutter verliegt und verdirbt. Dies empfehlen wir weiter den Büchern der Arznei.
Nun ist aber von der Form zu reden. Wisset, dass alle Glieder, die im ganzen Leib sind, Blut, Fleisch, Bein, Adern, Mark etc. von jedem Samen ausgehen. Alle sind in einem Samen versammelt, doch man kann es nicht erkennen. Jedes hat die Wirkung auf sein Glied, Bein auf Bein, Fleisch auf Fleisch. Wie dies im ganzen Leib ist, so verteilen sich die Namen in der Form durch die Kraft ihrer geschaffenen Natur. Gott hat sie geschaffen, damit sie in der Gebärmutter liegen und zum Menschen werden sollen. Die Samen beider Menschen werden in einem Menschen versammelt. Welches Menschen Gliedes Samen vorherrscht, nach dem wird die Form. Dass das Kind nicht beiden gleich sieht, verursacht die Vermischung. Beide wirken in gleicher Weise, daher entsteht ein Mittelding zwischen ihnen beiden.
Damit ihr aber den Unterschied der Kinder verstehet, was das ist, was einen Mann oder eine Frau macht, wisset, dass dies in der Phantasie liegt. Wenn die Frau in ihrer Phantasie stärker ist als der Mann und sie fester entzündet, so entsteht eine Frau. Dies ist auch vom Mann zu verstehen, denn die Stärke der Phantasie liegt oben. Sie können keine gleiche Phantasie haben, sondern eine muss stärker sein als die andere. Es wird kein anderer Weg gefunden und auch nicht gemacht. Aber wenn manche Glieder im Körper ihren Samen nicht geben, wachsen diese Glieder nicht am Kind. Wenn ein Samen zweifach fällt und besonders, wenn alle Samen zweifach fallen, werden zwei Kinder daraus. Nur das ist die Ursache, dass die Samen ungleich fallen, oder verfallen, oder zwei ungleiche Samen zusammenkommen, oder der Samen eines Gliedes zweifach fällt oder verkehrt an einen anderen Ort fällt. Wenn der Kopfsamen zweifach fällt und alle anderen einfach, entstehen da zwei Köpfe. Wenn zwei Kinder aneinander gewachsen geboren werden, sind die Samen zweifach gefallen, aber von der Natur nicht richtig geschieden worden. Über die mannigfaltige Geburt

der Kinder könnte man eine lange Beschreibung liefern, doch sie ist für Verständige nicht notwendig.

Wie also die Form der Kinder angezeigt wurde, merket euch weiter ihr Wachsen. Gott hat bestimmt, dass das Kind vierzig Wochen im Mutterleibe wachse. Er hat ihm ein Ziel bestimmt wie den Trauben und dem Weizen, damit alles sein Ziel habe. Zuerst beginnt die Natur die Form zu ordnen, den Samen an die Stätte zu bringen, wohin er gehört. Wenn dies geschehen ist, beginnt er zu wachsen und stärker zu werden, indem der Samen der Knochen zu Knochen wird, der Samen der Adern zu Adern etc. Endlich ist jedes Glied da, wie es sein soll. Jetzt hört die Natur auf, sie wirkt nicht mehr im Kind und sie lässt es gänzlich in seinem Wesen. Das Kind ist vollkommen und die Natur kann nichts mehr daraus machen, denn sie hat ausgewirkt. Dann kommt die Gnade Gottes, wie die Gottheit es will, damit das Geschöpf vollendet werde und an das Ende komme, wozu es bestimmt ist. Die Gottheit gibt ihm das Leben. Das Kind lebt und wird je länger je stärker, bis es eine solche Stärke gewinnt, dass es die Erde und die Luft der Welt erleiden und erdulden kann. Dann ist die Stunde der Geburt da. Es wird ein Kind geboren, das dann in der wachsenden Natur und Eigenschaft zunimmt.

Damit wir aber auch den vollkommenen Menschen beschreiben, nicht nur das Kind, merket euch, dass im Leben jede menschliche Notdurft liegt, die zum Menschen gehört. Sobald Gott dem Menschen die Gnade, das ist das Leben, gibt, hat er auch die Seele, das Gesicht, das Gehör, den Geist etc. empfangen, alles was ein Mensch haben soll und muss, Vernunft, Weisheit, Vorsicht etc. die zu einem Menschen gehören, doch alles ist noch schwach und blöd. Das alles wie es im Menschen ist, wächst mit der Natur. Je stärker die Glieder werden, desto stärker werden auch die Fähigkeiten.

Damit wir euch aber nicht nur mit der Geburt des Menschen beladen und erschöpfen, wollen wir auch etwas vom Stand der Menschen anzeigen, wozu der Mensch bestimmt ist mehr als die Kühe und Kälber, die unsere Freunde und Vettern aufziehen und melken. Wir wollen zuerst lehren und das soll uns ein Vorbild sein, dass der Mensch an sich selbst nichts ist. Das Sterbliche, das er hat, ist ein Mensch. Daher ist ein Mensch absolut verstanden ein Kalb. Wir wollen uns aber nicht mit dem Termin, sondern mit dem Grund abgeben. Wir wollen vom Inneren des Menschen reden, welches das Licht des Menschen betrifft. Wir lassen nun den Menschen in seiner Gebrechlichkeit und in den gebrechlichen Dingen, die er hat, stehen. Aber im Innern des Menschen ist etwas, was im Kalb nicht ist. Es gebührt sich, dies unseren Gönnern zu erklären. In dieser Philosophie beschreiben wir den Menschen und die Katze, denn der Mensch und die Katze haben eine Philosophie. Die edelste Philosophie ist die, die das Ewige betrachtet. Denn was nützt uns das Gesicht der Katzen und das Wedeln der Hunde? Was soll vom Apparat oder vom Schmeicheln verstanden werden? Dies ist eine sterbliche und ungründliche Philosophie. Unser Vorhaben ist es, an die edelste und höchste Philosophie zu denken und davon nicht abzulassen. Was ist das, das einen Grund hat und nicht einen hinfälligen Grund, den die Motten fressen?

Wir haben euch gemeldet und vorgehalten, dass wir das Sterbliche, das der Mensch an sich trägt, fahren lassen wollen und dass wir nur an das in ihm denken wollen, was nicht stirbt. Dies halten wir für die höchste Philosophie. Wenn wir uns nun unterstehen, von solchen Dingen nach unserem Gutdünken zu schreiben, wie die Meinung eurer Logiker ist, ist es notwendig und mehr als notwendig, dass wir hier nichts anderes beschreiben, nur das, was durch eure Lehren bestätigt ist. Wir entschuldigen uns, dass wir nicht darauf achten, weil uns ihre Suppe und ihr Fleisch zu versotten und verdampft ist. Es ist nicht so, als ob wir ganz in unserem Denken vernichtet, große subtile Reden halten würden und bei ihnen viel kluge Feinheit wäre. Der Weg, der ihnen vor den Augen liegt, ist ganz ungehobelt. Wenn wir daran denken, was der Stand des Menschen ist, gereicht es uns zur Ehre, den Grund zu wissen, wo Lügen und Wahrheit gemeldet werden und verstrickt liegen. Der Stand des Menschen ist nur ein Wesen seiner Kunst, Vernunft, Weisheit etc. und alles, was die Höhe der Menschen betrifft.

Damit wir aber euch dies erläutern und damit gewaltig philosophieren können, damit wir nicht die Lehre und das Gedicht eines störrischen subtilen Schreibers ansehen müssen, die ihm gerade eingefallen sind, wollen wir euch einen klaren guten Bericht von des Menschen Vernunft, Gedanken, Weisheiten, Lehre, Kunst, Vorsicht, Stand etc. geben und anzeigen, woher jedes kommt und entspringt. Bei dieser Lehre sind wir mit dem Grund der Wahrheit und mit fliegenden Lüften der inneren Körper des sterblichen Körpers versehen. Dem unsterblichen Körper des Menschen hat Gott die Vernunft, die Sinne, die Weisheit, die Lehre, die Kunst, das Wesen etc. und alles gegeben, was über die Sterblichkeit ist. Der Mensch hat seine Hoheit und Weisheit nicht vom äußeren Körper. Denn alle Weisheit und Vernunft, die der Mensch gebraucht, ist mit dem Körper als innerer Mensch ewig. So kann der Mensch leben und nicht als äußerer. Denn der innere

Mensch ist ewig klarifiziert und wahrhaftig. Wenn er dem sterblichen Körper nicht vollkommen erscheint, so erscheint er ihm doch nach seinem Abscheiden vollkommen. Das, was wir jetzt erzählt haben, heißt Licht der Natur und ist ewig. Gott hat es dem inneren Körper gegeben, damit der Mensch durch den inneren Körper und nach der Vernunft regiert werde. Alles, was der Mensch tut und tun soll, soll er durch das Licht der Natur tun. Das Licht der Natur ist nämlich die Vernunft und nichts anderes. Darum wer ein gerechter Arzt sein will, muss mit seiner Vernunft, das ist mit dem Licht der Natur, denken und behandeln, aber nicht ohne das Licht. Christus will, dass du mit deinem Gewissen glauben sollst und nicht ohne dieses. Nicht ein sicherer Glauben ist ein kühner Sinn, der Gott nicht angenehm ist. Willst du eine Kunst gebrauchen, so gebrauche sie nach dem Licht der Natur und nicht flatterhaft. Gott hat jedem Menschen genug Licht gegeben, wozu er bestimmt ist, damit er nicht irren kann.

Es ist etwas Großes, an das Licht der Natur zu denken, dass Gott alles, was der Mensch tut, mit dem Lichte der Natur versieht, damit der Mensch nach der Vernunft leben soll und nicht anders. Die Vernunft ist im Menschen, aber sein Wille ist brüchig und unbeständig.

Damit wir aber das Herkommen des inneren Menschen oder Körpers beschreiben, merket euch, dass alle inneren Körper nur ein Körper sind und ein gleiches Ding in allen Menschen. Es ist nach den wohl geordneten Zahlen des Körpers jedem anders als dem andern zugeteilt. Wenn alle zusammenkommen, ist nur ein Licht, nur eine Vernunft da. Wenn wir alle vollkommen leben wollen, leben wir alle in der gleichen Weise nach einer Vernunft, nicht nach zweien oder dreien etc.

Wisset nun, dass der Mensch, wenn er mit dem empfangen oder geboren wird, was wir körperlich haben, mit dem vollkommenen Licht der Natur begabt ist. Sie (die Natur) ist am ersten Tage wie am letzten Tage vollkommen in sich selbst. Dass sie unvollkommen erscheint, verursacht die Schwäche der Zellen und die noch nicht gewachsene Stärke, die die Vernunft in ihren Werkzeugen, wo sie liegt, haben muss. Ihr sollet euch merken, dass ein Kind keine Erziehung zur Vernunft braucht, denn sie wird ihm nicht gegeben. Nur zum Verstand soll es erzogen werden, die Vernunft hat es selbst. Der Verstand ist eine wissende Vernunft. Wie ihr im vorhergehenden Kapitel vom Licht der Natur gehört habet, so merket, dass die Natur aus angeborenem Wesen von Adam und Eva her eine angeborene Vernunft, Weisheit, Vorsicht, etc. hat. Dies ist aber für das Körperliche und nicht für die Seele, damit der Körper mit Vernunft und, was zu seiner

Erhaltung notwendig ist, erhalten werde. Es kommt nicht vom Licht des Geistes, sondern nur von dem der Natur. Das ist eine solche Vernunft wie sie das Vieh hat, das seinen Leib beschmiert, es sucht mit dem Licht seiner Natur, was für seinen Leib notwendig ist. Von diesem Licht der Natur stammt eine besondere Vorsicht. Diese ist aber im Leib und wird auch im Leib vollbracht. Auch eine besondere Weisheit ist im Leib und bleibt im Leib. In der gleichen Weise ist auch eine Vernunft da.

Wir haben nun alles Körperliche angezeigt und lassen es jetzt stehen. Wir beschreiben nun den Geist. Da wir das Körperliche beschrieben haben, das wir für unseren Körper haben müssen, wollen wir nun vom Geist weiter erzählen. Darauf beruht der Stand der Menschen, wie ihr gehört habt, dass er dem Kinde eingegossen und gegeben wird. Zuerst die Seele, diese trägt ewiglich die Bürden oder Freuden der Menschen. Dann sind die Vernunft, Vorsicht und Weisheit gegeben. Diese drei sollen den Körper regieren, damit der Seele das Joch nicht zu schwer auf den Hals gelegt werde. Diesen dreien ist der Geist gegeben, das ist der Verstand, von dem die Vernunft, die Weisheit und die Vorsicht regiert werden. So ist die Ordnung des Lebens und alles kommt vom Lichte des Geistes, das das Licht der Natur ist. Wie gesagt wurde, merket euch, dass der Mensch in der Sinnlichkeit so ist, wie das Licht der Natur anzeigt, so dass diesem Licht kein Schaden erwächst. Ihr sollet verstehen, dass es manche äußere Geister gibt, die dem Menschen Listigkeit und Feinheit geben, das ist den fliegenden Sinnen, die zum Lob, zur Ehre, Feinheit, Sinnlichkeit, Vernunft, Weisheit und Vorsicht dienen. Es ist nicht vom Geist oder der Lehre der Natur, sondern von bösen Geistern. Diese geben alle einen Wahn, eine wachende Phantasie. Wenn ein Mensch schläft, träumt er. Ebenso machen sie einem Menschen in wachem Zustande eine Phantasie und eine Vernunft. Diese dient nur der eigenen Ehre, dem Ruhm, Lob etc. Obwohl sie nicht hineingehen, ist dies doch ein Spiegel, in dem sich der Mensch sieht. Davon hat er die Lehre seines Gesichts, sich selbst anzusehen. Wenn er phantasiert, so begegnet der Phantasie ein Objekt von den Geistern, indem seine Phantasie ein Objekt sieht. Was sie liebt, klaubt sie zusammen. Dabei sind das Licht der Natur und das Licht des Geistes nicht gewaltig, nur die Phantasie ist ihr Meister. Die phantastischen Gedanken haben ein Objekt, das ihnen wie ein Traum erscheint. Wie oben verzeichnet ist, sollet ihr wissen, dass in 3 Dingen die (–) hängt, im Licht der Natur wegen der Erhaltung des Körpers, im Geist, nämlich in der Weisheit, Vorsicht und Vernunft. Damit der Körper regiert werde, in (–) zum bestimmten eigenen Nutzen.

So hat es Gott für den Menschen bestimmt, dass ein Mensch dem andern den Verstand und das Wissen gebe, der Mensch aber selbst den Gebrauch derselben sich selbst durch sein Licht. Da der Mensch in der Zelle nicht immer vollkommen ist, sind der Verstand und das Wissen mangelhaft. So hat Gott bestimmt, dass ein Mensch dem anderen in Verstand und im Wissen lehre und unterweise, damit seine Vernunft gehört werde. Wenn aber die Zellen und Instrumente des inneren Körpers eines jeden Menschen rein und vollkommen wären, und keiner missraten wäre, so bedürfte kein Mensch eines Lehrmeisters. Jeder wäre dann für sich genug sinnreich zum Spekulieren, Wissen und Erfahren, was sonst gelehrt wird und besser. Da dies aber so wenig ist und die Instrumente die Vernunft verdunkeln, so ist auch der Verstand verdunkelt. Wisset dabei, dass im Menschen der Verstand und das Wissen eine andere Zelle ist als die Zelle der Vernunft. Bei wem diese lauter und rein ist, der ist ein vollkommener Mensch.

Damit wir aber zum Ende unseres Vorhabens kommen, wollen wir erzählen, dass Gott den inneren Menschen jede Kunst, Weisheit und Vernunft, die zum Ewigen gehören, da sie beim Leben sind, gegeben hat. Merket euch, dass Gott den Körper, wie wir gemeldet haben, versorgt hat, dass er ihm drei vollkommene Dinge gegeben hat, vollkommen an sich selbst. Noch mehr ist unser Himmlisches zu beachten, das ist der Geist im Menschen, die guten und bösen Engel, der Besitz des Menschen und dergleichen.

Obwohl wir drei Geburten und Arten des Aufwachsens des Menschen gemeldet haben, wollen wir jetzt seinen Stand zwischen der Zeit des Aufwachsens und der Zerstörung melden. Ihr sollet verstehen, dass es zwei Stände gibt. Es ist das Körperliche, das er hat, zu beachten, aber auch das Ewige, das er hat. Dann folgt die Auslegung dieser zwei. Das Körperliche erhält das Ewige in der gleichen Weise wie ein Wirt einen Gast erhält. Aber wir wollen nun das Ewige fahren lassen und das Körperliche beachten. Was den Körper erhält, ist das Leben, das nur Gott und kein Mensch erklären kann. Das Leben beruht auf vier Dingen, auf Humores, Komplexionen, natürliche Art und auf den Gaben. Die vier Humores sind die vier Säfte (Elemente) im Mark. Damit wir aber an die Natur der Menschen nicht vergessen, an Sanguis, Melancholia, Cholera etc., wisset, dass sie in gleicher Weise von Vater und Mutter ein Mittelskind sind. Im ersten Menschen ist jede Untreue in der Frau gewesen. Daher ist die Untreue allen angeboren vom ersten Samen bis zu uns. Im ersten Menschen ist auch der Ernst gewesen, in der Frau die Fröhlichkeit und Verwahrlosung. In Adam

die Ehrbarkeit, in der Frau die Unehrbarkeit. Daher ist dem Menschen die Natur erblich von seinen Eltern eingebildet.
Der Mensch hat Komplexionen, wie die vermeintlichen Ärzte sprechen, Sang. Melan. Chol. Phleg. etc. Vier Farben sind dem Menschen gegeben, in Adam vier und in Eva vier, doch sie sind gleiche vier, nämlich braun, weiß, schwarz und rot. In Eva sind lautere, schöne und klare Farben. Von diesen vier Farben hat jeder Mensch die Farbe seines Körpers als Wage, wie er sie auf Rot, Weiß, Schwarz, Braun etc. bereitet. Im Menschen sind auch die vier Komplexionen, die kalte, feuchte etc. Dies hat seinen Anfang so: In Eva ist eine Komplexion kalt und trocken gewesen, in Adam aber warm und feucht, das sind zwei widerwärtige Komplexionen, doch durch ihre Vermischung sind noch zwei geboren. Aus der Trockenheit der Eva und der Hitze des Adam entspringt eine Komplexion, die trocken und heiß ist, so auch aus der Feuchtigkeit des Adam und aus der Kälte der Eva. Von den zwei Komplexionen der Eva und des Adam sind noch zwei entstanden, indem die Hitze des Adam die Kälte der Eva überwunden hat und die Trockenheit die Feuchtigkeit, und so das Gegenteil im andern.
Dass aber ein Mensch viel lieber stiehlt als der andere, ist deshalb so, weil alles Ehrbare in Adam gewesen ist und das Widerwärtige der Ehrbarkeit, die Unehrbarkeit, in Eva. Dies ist durch die Wage in die Samen herabgestiegen. Wie jeder seinen Teil davon getragen hat, so ist er in seiner Natur. Manchmal herrscht die diebische Art vor, manchmal die Hurerei, manchmal die Spielsucht etc.
Daher sollen uns die Lehre und das Schreiben der unwissenden und unerfahrenen Astronomen nicht bekümmern, die alles den Sternen zuschreiben und sich selbst dazu legen sollten. Der Mensch ist ein Geschöpf für sich selbst, so auch die Erde, Luft etc. Keiner hat das andere zu regieren oder zum Glück zu treiben. Der Mond steht frei, der Himmel ist frei, die Erde ist frei. Der Mensch braucht die Erde, die Erde den Himmel und der Himmel die Erde. Der Himmel lässt seinen Unflat und was in ihm zerbricht, auf die Erde, der Mensch desgleichen. Die Erde fasst es alles in sich.
Damit wir aber unsere Gesundheit und Krankheit nicht vergessen, wollen wir euch erklären, dass der Mensch diese nicht vom ersten Samen ererbt hat, nur durch den eigenen Irrtum derer, die vom ersten Samen stammen. Hier ist keine andere Ursache, nur die, dass alle Dinge von Gott zur Zerstörung bestimmt worden sind, wie wir im Abschnitt über die Empfängnis gemeldet haben.

Zuerst soll uns als Beweis für die Beschreibung der Menschen das dienen, was sie trägt und wodurch sie sich ernähren. Zum ersten sollt ihr wissen, dass uns die Erde trägt und die Luft. Was aus der Erde wächst, das ernährt uns. Für die Nymphen ist es etwas anderes, denn sie brauchen weder das Erdreich noch die Luft. Wir wollen den Beweis einführen, was sie essen und was sie leicht erhält. Dies ist mein Beweis vom Essen, um dies zu beenden. Die Nymphen sind die, von denen Christus sagt: Alle Menschen, die nicht von diesem Schafstall sind, aber von dieser unserer Welt. Wir wollen nicht die anderen drei Welten ausschließen, sondern annehmen, dass es noch dreierlei Schafe ohne uns gibt. Für alle ist aber nur ein Pastor und ein Hirte da. Daher kümmern wir uns nicht um die Bücherschreiber, die einen heilig nennen, wie er allein ist etc.

## 4. Über die Nymphen Sylphen, Pygmäen, Salamander und die übrigen Geister von Theophrastus von Hohenheim.

### Vorrede.

Wohl bekannt und wohl bewusst ist uns die Schöpfung aller natürlichen Dinge und all dessen, was Gott geschaffen, dass ein jedes Land das Seine erkennt, das in ihm ist und wächst, dass ein jeder Mensch seine eigene Erkenntnis seiner selbst hat und also auch ein Handwerk und die Kenntnis irgendeiner Arbeit besitzt. Durch solche Dinge werden alle Geschöpfe erkannt, die Gott geschaffen hat, und nichts ist verborgen, was dem Menschen nicht bewusst sei oder werden könnte. Nicht, dass alles in einem sei, das heißt, dass ein Mensch das alles wisse, sondern ein jeder das Seine. So sie alle zusammen kommen, so ist alles bekannt. Also auch nicht, dass ein Land Kenntnis über alle Länder besitzt, aber seiner selbst. So sie aber alle zusammengenommen werden, so ist alles bekannt, und eine jede Stadt, ein jedes Dorf, ein jedes Haus trägt die Kenntnis all seiner natürlichen Dinge, ferner der Handwerke und Hantierungen, zu denen alle Geschöpfe gebraucht werden, das zu dem und das zu dem. Und also wird alles gebraucht und alles erfahren, wozu es geschaffen ist. Und so endet es zuletzt damit, dass alles dem Menschen dient und ihm unterworfen ist. Nun aber gibt es etwas, was noch mehr ist als das, was das natürliche Licht erfasst und erkennt, das über dasselbe hinausreicht und erhaben ist und wider das Licht der Natur ist, das heißt, im Lichte der Natur nicht zu ergründen ist. Aber im Lichte des Menschen, das über dem Lichte der Natur ist, da wird es ergründet. Denn die Natur gibt ein Licht, wodurch sie aus ihrem eigenen Schein erkannt werden kann. Aber im Menschen ist auch ein Licht, außerhalb des Lichtes, das in der Natur geboren ist. Das ist das Licht, wodurch der Mensch übernatürliche Dinge erfährt, lernt und ergründet. Die im Lichte der Natur suchen, die reden von der Natur, die im Lichte des Menschen suchen, die reden mehr, als in der Natur ist. Denn der Mensch ist mehr als die Natur. Er ist die Natur, er ist auch ein Geist, er ist auch ein Engel, alle Eigenschaften dieser drei hat er. Wandelt er in der Natur, so dient er der Natur, wandelt er im Geiste, so dient er dem Geiste, wandelt er in einem Engel, so dient er als ein Engel. Das erste ist dem Leibe gegeben, die anderen sind der Seele gegeben und sind ihre Kleinodien. Darum, weil der Mensch eine Seele hat, und diese zwei darin, darum steigt er über die Natur und kann ergründen, was nicht in der Natur ist, kann die Hölle, den Teufel und sein Reich erfahren und ergründen. Also ergründet auch der Mensch den Himmel und sein Wesen, nämlich Gott und sein Reich. Denn der an einen bestimmten Ort muss, der soll dieses Ortes Wesen vorher wissen, so weiß er zu wandern, wohin es ihn gelüstet. Darum wisset, dass dieses Buch es unternimmt, die Geschöpfe zu beschreiben, die außerhalb des Lichtes des Naturverständnisses liegen, wie sie in ihrer Natur beschaffen sind und was für Wunderwerke Gott gegeben hat. Denn es ist Aufgabe des Menschen, die Dinge zu erfahren und nicht blind darin zu sein. Denn darum ist er geschaffen, dass er von den Wunderwerken Gottes rede und darüber berichte. Ein jedes Werk, das Gott geschaffen hat, dessen Wesen und Eigenschaft ist dem Menschen zu ergründen möglich; denn es ist nichts geschaffen, das dem Menschen nicht zu ergründen wäre und darum geschaffen, dass der Mensch nicht müßig gehe, sondern in den Wegen Gottes wandle, das ist in seinen Werken. Nicht dem Laster, nicht der Hurerei soll er sich hingeben, nicht spielen soll er, nicht saufen, nicht rauben, nicht Gut gewinnen noch Schätze sammeln für die Würmer, sondern seines Geistes, seines Lichtes, seiner Engelsart soll er sich bedienen, um die Dinge, die göttlich sind, zu betrachten. Seliger ist es, die Nymphen zu beschreiben als die Orden. Seliger ist es, den Ursprung der Riesen zu beschreiben als die höfische Zucht, seliger ist es Melusina (Meerjungfrauen) zu beschreiben als die Reiterei und die Artillerie. Seliger, die Bergleute unter der Erde zu beschreiben als das Fechten und den Frauendienst. Denn in diesen Dingen wird der Geist dazu gebraucht, in göttlichen Werken zu wandeln. In anderen Dingen wird der Geist dazu gebraucht, sich weltlicher Art zu bedienen und ihr Wohlgefallen in Hoffart und Unlauterkeit zu suchen. Der viel auf Erden erfährt und hört, der wird auch gelehrt sein bei der Auferstehung; der nichts weiß, der wird geringer sein. Denn im Hause Gottes gibt es viele Wohnungen, ein jeder wird seine Wohnung nach seiner Gelehrtheit sehen. Wir sind alle gelehrt, aber nicht gleich; alle weise, aber nicht gleich; alle kunstreich, aber nicht gleich. Der sich hoch ergründet, der ist am meisten gelehrt. Denn Ergründung und Erfahrung treibt zu Gott und verscheucht der Welt Laster, flieht den Dienst der Welt. Fürstenzucht, Hofsitten, schöne Gebärden lehrt die Zunge, in der auch Lügen und Fluchen liegt. Aber die Wunderwerke Gottes, die lehrt das Licht des Menschen und fragt nicht die Zunge darum. Zucht gegen Gott zu üben, ist des Menschen Gebot, Zucht gegen den Menschen, was ist es als ein Schatten, der nichts ist. Der Mensch bezahlt keine Zucht, gibt gar keinen Lohn dafür. Er stirbt, und im Tode ist er ein Kot. Was macht der Mensch aus sich selbst? Er lerne mehr als Zucht und lasse die Zucht stehen und liebe seinen Nächsten. Jetzt kommt die Zucht von selbst heraus, wie aus einem guten Baum die Blüte und seine Frucht. O in welch großer Freude ist der, der seinem Schöpfer nachdenkt. Der findet Perlen, die nicht den Säuen gegeben werden. Aber der dem Menschen nachdenkt, der sucht Perlen, wie eine Sau, die alles umherstreut und nichts findet, was ihr nützlich wäre. So wisset denn weiter und verstehet, wozu ich dieses Buch anfange. Nicht dass ich von lieblichen Dingen und schönen Reden schreibe, aber von übernatürlichen Dingen, die des Wohlredens nicht bedürfen, sondern es das Geschwätz bleiben lassen, das es ist.

\*

Es ist billig, dass ich euch vorerst die Materie darlege, über die ich das folgende schreibe, und dann erkläre, was sie ist. So wisset, dass der Inhalt dieses Buches die Beschreibung der vier Geschlechter der Geistmenschen ist, nämlich dass es von den Wasserleuten, Bergleuten, Feuer- und Windleuten handelt. Dabei sind unter den vier Geschlechtern die Riesen, Melusinen, der Venusberg mitinbegriffen und was ihnen gleich ist, die wir für Menschen, jedoch nicht als Nachkommen Adams ansehen, sondern als andere Geschöpfe und Kreaturen, die von Menschen und allen Tieren geschieden sind, wiewohl sie unter uns kommen und Kinder von ihnen geboren werden, nicht ihres Geschlechtes, sondern unseres Geschlechtes. Wie sich aber diese Dinge uns gegenüber verhalten, das ist in folgender Reihenfolge zu beschreiben. Zuerst ihre Schöpfung und was sie sind, dann ihr Land und die Wohnung, in der sie sich aufhalten und welchen Gesetzen sie unterliegen. Drittens, wie sie zu uns kommen und sich sehen lassen, sich mit uns vermischen und mit uns verkehren. Viertens, wie sie manche sonderbare Wunderwerke treiben, wie die Melusinen, der Venusberg und dergleichen Historien. Fünftens von der Geburt der Riesen, ihrer Herkunft und ebenso von ihrem Untergang und ihrem Wiederkommen. Es sei nicht abgeleugnet, dass ein Hermetiker sich auf die Schrift stützen und in ihr seinen Grund haben soll. Was aber diese Dinge betrifft, so ist darin nicht besonders geschrieben, was von ihnen zu halten ist, noch ob ihnen nachzuforschen ist; nur über die Riesen sind darin einige Angaben. Wiewohl diese Dinge außerhalb der Schrift behandelt werden, so geschieht dies doch, und zwar aus dem Grunde, weil die Werke erscheinen und wahrhaftig sind. Ebenso wie an Zauberei zu glauben ist und es also auch ein gibt und ihr Ursprung zu ermessen ist, so werden auch diese Dinge ergründet. Denn die Schreiber der Bibel und des Neuen Testamentes haben über diese Dinge berichtet, wie die Seele gegen Gott zu handeln hat und Gott gegen die Seele, was dann diese Philosophie nicht zurückweisen mag. Denn ist uns ein Wissen vom Teufel und von den Geistern und dergleichen erlaubt, so ist das auch etwas, dessen Wesen zu ergründen ist. So haben wir doch Macht, in allen Werken Gottes zu wandeln, der Arzt in der natürlichen Arznei, der Apostel in der apostolischen Arznei. Denn wie ein Kranker eines Arztes bedarf, so bedürfen die Dinge eines Philosophen, so wie ein Christ seines Erlösers, so bedarf auch ein jedes Werk seines Meisters. Dabei sind auch solche Geschöpfe vonnöten und füllen auch ihren Platz und ihre Lücke aus und sind nicht umsonst geschaffen. Denn Samson war ein Mann. Nun hatte er aber eine Stärke, die größer war als die aller Männer, die nicht natürlich, noch glaublich war und die hatte er in seinem Haare liegen. Das wird bei den Menschen als überflüssig und unnötig betrachtet. Es hat aber seine Ursache, dass es da sein muss. David war ein kleiner Mann und schlug den Riesen Goliath zu Tode. Es musste sein und war doch nicht nach menschlichem Ermessen anzunehmen. Darum ist nichts geschaffen, was ohne ein Mysterium wäre, das nicht ein großes in sich hätte. Denn geschehen im Alten Testamente wunderbare Geschichten, die niemand auslegen kann, so lehrt sie das Neue Testament verstehen. Also, wie hier am Ende gefunden wird, warum diese Dinge geschehen und was ihre Ursache ist und man erfährt, dass es billig geschehen sei, also werden auch da die Dinge, von denen ich dann schreibe, für unnötig gehalten und für zwecklos, davon zu reden. Da es aber eine Ursache dafür gibt, die merkbar sein wird, und von der ich den sechsten Traktat schreiben will, so ist es nicht unnötig, sondern vonnöten, diese Dinge zu ergründen und mit unserer hermetischen Philosophie und Spekulation zu erfassen, diese Dinge mit anderen zu vergleichen, zu welchem Ende sie schließlich gelangen und kommen.

**Über das Wesen des Geistes und der Seele; ferner ihr Geist ist Fleisch und ihr Fleisch ist Geist. Ein Beispiel der Auferstehung.**

Vom Fleisch ist zu verstehen, dass es zweierlei Fleisch gibt, das Fleisch vom Adam her und das Fleisch, das nicht von Adam her stammt. Das Fleisch, das von Adam stammt, ist ein grobes Fleisch, denn es ist irdisch und ist sonst nichts als Fleisch, das man binden und fassen kann, wie ein Stück Holz oder Stein. Das andere Fleisch, das nicht von Adam her ist, das ist ein subtiles Fleisch und das ist nicht zu binden noch zu fassen, denn es ist nicht aus der Erde gemacht. Nun ist das Fleisch von Adam, der Mensch von Adam. Der ist grob wie die Erde. Diese ist kompakt, so dass der Mensch nicht durch eine Mauer, nicht durch eine Wand hindurch kann, er muss sich ein Loch machen, um hindurchzuschlüpfen, denn ihm weicht nichts. Aber das Fleisch, das nicht von Adam her ist, dem weicht das Gemäuer, das heißt, dieses Fleisch bedarf keiner Türen, keines Loches, sondern geht durch ganze Mauern und Wände und zerbricht nichts. Nun sind sie beide Fleisch und Blut, Bein und dergleichen, was zu einem Menschen gehört und sind in der ganzen Natur wie der Mensch geartet. Aber sie unterscheiden sich dadurch, dass sie zwei Ursprünge haben, das ist zwei Väter. Ebenso wie ein Geist und ein Mensch. Der Geist geht durch alle Wände und nichts ist ihm versperrt. Der Mensch aber nicht, denn ihm kann der Weg durch Riegel oder Schloss versperrt werden. Also wie das Verhältnis von Geist und Mensch zu erkennen und zu erwägen ist, so sollt ihr auch diese Leute erkennen, von denen ich hier schreibe. Sie unterscheiden sich aber dadurch von den Geistern, dass sie Blut und Fleisch und Gebein haben. Dabei gebären sie Kinder und haben Früchte, reden und essen, trinken und wandeln, welche Dinge die Geister nicht tun. Darum sind sie gleich den Geistern an Geschwindigkeit, gleich den Menschen in dem Gebären, in der Gestalt und dem Essen. Und also sind sie Leute, die Geisterart und Menschenart in sich haben und in sich vereinigen.

Wiewohl sie beides sind, Geist und Mensch, so sind sie doch keines von beiden. Denn Menschen können sie nicht sein, sie sind geistig in ihrem Wandel. Geister können sie nicht sein, denn sie essen und trinken, haben Blut und Fleisch. Darum stellen sie eine besondere Kreatur außerhalb dieser beiden dar. Es sind ihnen aber beide Arten gegeben und eine Mischung daraus gemacht. Wie ein Kompositum von zwei Stücken, das sauer und süß ist und doch nicht so erscheint, oder zwei Farben, die ineinander gegossen unter einer Gestalt erscheinen und doch sind es beide. So ist das aber auch weiter so zu verstehen, dass sie, wiewohl Geister und Menschen, doch keines von beiden sind. Der Mensch hat eine Seele, der Geist nicht, der Geist hat keine Seele, der Mensch aber hat eine. Diese Kreatur aber besteht aus beiden, hat aber keine Seele und ist doch nicht dem Geiste gleich, denn der Geist stirbt nicht, die Kreatur aber stirbt. So ist sie nicht dem Menschen gleich, denn sie hat die Seele nicht, sie ist ein Vieh und ist darum ein Vieh, weil sie wie das Vieh stirbt, und der tierische Leib hat auch keine Seele wie der Mensch, darum sind sie ein Vieh. Und sie reden aber, lachen wie die Menschen, darum sind sie dem Menschen ähnlicher als dem Vieh und sind weder Mensch noch Vieh. Wie ein Affe, der das dem Menschen ähnlichste Tier ist in Gebärden und Werken, also verhalten sie sich gegenüber dem Menschen. Und wie eine Sau des Menschen Anatomie hat, so dass sie innen wie ein Mensch aussieht und doch eine Sau und kein Mensch ist, so sind auch diese Kreaturen gegenüber dem Menschen Affen und Säuen vergleichbar und sind doch besser als diese. Denn sie sind in jeder Beziehung wie die Menschen, allein ohne Seele und besser als der Mensch; denn sie sind wie die Geister, die niemand bezwingen kann. Darum ist Christus für die gestorben und geboren, die eine Seele haben, das ist für die, die von Adam sind. Für die nicht, die nicht von Adam sind. Denn sie sind Menschen, haben aber keine Seele. So viel kann die Schrift betreffs der Annahme, dass sie Menschen sein müssen, zugeben, aber dass sie eine Seele hätten, darüber weiß man nichts.

Dass es eine solche Kreatur geben soll, darüber soll sich niemand verwundern. Denn Gott ist wunderbar in seinen Werken, die er oft wunderbar erscheinen lässt. Denn die Dinge sind nicht alltäglich vor unseren Augen, sondern gar seltsam. Und wir sehen es, nur haben wir kein Wissen über die Existenz dieser Dinge, doch das Empfinden, als käme uns das im Schlafe vor. Die große Weisheit Gottes ist nicht zu ergründen, noch auch die großen Wunderwerke, die zu ergründen uns Not täte, um unseren Schöpfer recht zu erkennen in seinen wunderbaren Dingen. Nun sind sie darum von uns geschieden, weil sie nicht von Adam sind, nicht an derselben Erde teilhaben, aus der Adam gemacht ist, nur dass uns Gott gar wunderbar die Dinge zu sehen bestimmt, was in besonderer Weise zu verstehen ist, wie im letzten Traktat berichtet werden wird. Sie haben Kinder und ihre Kinder sind ihresgleichen, nicht unseres-gleichen. Sie sind witzig, reich, verständig, arm, töricht wie wir, Adams Kinder. Sie sind unser Ebenbild in jeder Beziehung. Wie, wenn man spricht: Der Mensch ist das Ebenbild Gottes, das ist, er ist nach seinem Bildnis gemacht. Nun kann man da auch sagen: Die Leute sind das Ebenbild des Menschen, nach dem Bilde des Menschen gemacht. Nun ist der Mensch nicht Gott, wiewohl er ihm gleich gemacht ist. Jedoch ist er es im Bildnis. So auch sind sie darum nicht Menschen, dass sie in seinem Ebenbilde gemacht sind, sondern bleiben in ihrer Schöpfung dieselben Kreaturen, die sie sind. Wie denn auch der Mensch derselbe bleibt, wie ihn Gott geschaffen hat. Also will er, dass eine jede Kreatur in dem Amte bleibe, für das sie erschaffen ist. Und wie sich der Mensch nicht rühmen kann, dass er Gott sei, sondern ein Geschöpf

Gottes, das also von Gott gemacht ist, das Gott also haben will, so ist es auch mit diesen Leuten, sie können sich nicht rühmen, eine Seele zu haben wie der Mensch, obwohl sie ihm gleich sind. Wie der Mensch sich nicht berühmt, dass er Gott sei, wiewohl dass er in seinem Ebenbilde gemacht sei und es darstellt. Also entbehrt der Mensch dessen, dass er nicht Gott ist, und die wilden Leute entraten der Seele, darum können sie nicht sagen, dass sie Menschen sind. So enträt das eine Gottes, das andere der Seele. Also bleibt Gott allein Gott, der Mensch allein Mensch.

Also sind sie Menschen und Leute, sterben mit dem Vieh, wandeln mit den Geistern, essen und trinken mit den Menschen. Das heißt, sie sterben wie das Vieh, dass nichts mehr da bleibt, und ihnen schadet weder Wasser noch Feuer wie den Geistern, und niemand kann sie einsperren wie die Geister. Aber in der Vermehrung gleichen sie den Menschen und haben darin ganz gleiche Naturen. Sie verfallen auch in dieselben Krankheiten wie der Mensch und werden gesund wie der Mensch, doch ist ihre Arznei nicht von der Erde, aus der der Mensch gemacht ist, sondern sie entspricht ihrer Wohnung. Sie sterben wie die Menschen, aber des Todes, den das Vieh erleidet. Ihr Fleisch fault wie anderes Fleisch und ihr Gebein wie anderer Menschen Gebein, und ihrer bleibt kein Gedächtnis. Ihre Sitten und Gebärden sind menschlich, Reden und Art mit allen Tugenden besser und gröber, subtiler und rauher. Desgleichen sind sie verschieden in der Gestalt und verschieden in der Form wie auch die Menschen. Ihre Nahrung ist gleich der der Menschen, sie gleichen ihm auch darin, dass sie ihrer Hände Arbeit essen und genießen, sich selbst Kleidung spinnen und weben, die Dinge mit Vernunft gebrauchen, Weisheit besitzen zu regieren, Billigkeit bewahren und beschirmen. Denn wiewohl sie Vieh sind, so haben sie alle doch menschliche Vernunft, allein die Seele nicht. Sie haben darum nicht die Bestimmung Gott zu dienen, in seinem Wege zu wandeln, denn sie haben die Seele nicht. Darum ist es wie mit dem Vieh, das aus angeborner Natur Billigkeit gegen sich selbst sucht in seinem Wandeln, so auch hier. Sie haben aber von allen Tieren die höchste Vernunft. Wie auch der Mensch von allen Kreaturen Gott der nächste ist auf Erden im Verstande und in den Gaben, also sind sie unter allen Tieren dem Menschen am nächsten und so nahe, dass sie Leute geheißen werden und Menschen, und dafür gehalten und geachtet werden, so dass also kein Unterschied da ist, als in der Geister Art, in dem Mangel der Seele. Ein sonderbares, wunderbares Geschöpf, vor allen anderen der Betrachtung wert.

**Von ihrer Wohnung.**

Ihrer Wohnungen sind viererlei, das ist nach den vier Elementen, eine im Wasser, eine in der Luft, eine in der Erde, eine im Feuer. Die im Wasser wohnen, sind die Nymphen, die in der Luft wohnen, sind die Sylphen, die in der Erde die Pygmäi, die im Feuer die Salamandrae. Dass sie nun aber rechte Namen hätten, das ist nicht der Fall, sondern die Namen, die ich da vorbringe, sind von denen gegeben worden, die sie nicht erkannt haben. Da sie aber diese Dinge bedeuten, und durch diese Namen verstanden werden können, lasse ich es auch dabei bleiben, wiewohl von den Wasserleuten auch die Namen Undina, von den Luftleuten Sylvestres, von den Bergleuten Gnomi und von den Bewohnern des Feuers eher Vulcani als Salamandri berechtigt sind. Jedoch, wie dem auch ist, es kann unterschieden und verstanden werden, drum bleibt es dabei. Nun aber wisset. So ihre Regionen beschrieben werden sollen, so müssen sie auch in ihre Teile geteilt werden. Denn die Wasserleute haben nichts mit den Bergleuten zu tun, die Bergleute auch nichts mit ihnen, ebenso die Sylvestres und ebenso auch die Salamandri. Jedes hat seine besondere Wohnung, aber dem Menschen erscheinen sie, wie oben gesagt, dass er erkenne und sehe, wie wunderbar Gott in seinen Werken ist, dass er kein Element feiern lässt und leer lässt, sondern große Wunderwerke in ihnen hat. Darauf folgen dann die vier Regionen und dabei werden die Unterschiede gegeneinander behandelt, in ihrer Wohnung, auch in ihrer Person, ihrem Wesen und ihrer Art, wie weit sie sich voneinander unterscheiden und wie sie doch dem Menschen ähnlicher sind als einander selbst und dennoch alle Menschen sind, in dem Sinne, wie es im ersten Traktat ausgeführt ist.

Nun, wie ihr wisset, gibt es vier Elemente, die Luft, das Wasser, die Erde und das Feuer. Nun wisset ihr, dass wir Menschen, die wir von Adam stammen, in der Luft stehen und gehen und damit umgeben sind, wie ein Fisch in seinem Wasser. Und wir können ohne diese ebenso wenig sein, wie ein Fisch ohne Wasser. Nun wie der Fisch im Wasser seine Wohnung hat und das Wasser dort seine Luft ist, in der er wohnt, also ist dem Menschen die Luft sein Wasser, also ist ein jedes Ding in seinen Elementen geschaffen, dass es darin wandle. An diesem Exempel lernt die Undinen verstehen, dass sie im Wasser wohnen und das Wasser ihnen ebenso gegeben ist, wie uns die Luft. Und so wie wir uns wundern, dass sie im Wasser sein sollen, so wundern sie sich darüber, dass wir in der Luft sind.

Also ist es mit den Gnomi in den Bergen. Die Erde ist ihre Luft und ist ihr Chaos. Denn im Chaos lebt ein jedes Ding, das ist ein jedes Ding, wohnt im Chaos, geht und steht darin. Nun ist die Erde nicht mehr als allein ein Chaos der Bergmännlein, denn sie gehen durch ganze Mauern, durch Felsen, durch Steine, wie ein Geist. Drum sind ihnen die Dinge alle nur ein Chaos, das ist nichts. Das heißt so viel, dass ebenso wenig wie uns die Luft hindert zu gehen, ebenso wenig werden sie gehindert vom Berg, von Erde und Felsen. Und ebenso leicht, wie es für uns ist, durch die Luft zu gehen und wie uns die Luft nicht Widerstand leisten kann, ebenso leicht sind für sie Felsen und Schroffen zu durchdringen. Denn die Dinge sind ihnen also ein Chaos, die uns nicht ein Chaos sind. Denn eine Mauer, eine Wand hält uns stand, dass wir nicht hindurch können, aber ihnen ist ein Chaos, drum gehen sie hindurch. Es ist ihnen ihre Luft, darin sie wohnen und gehen, wie der Mensch in der Luft, die zwischen Himmel und Erde liegt. Und wenn das Chaos zu grob ist, so ist die Kreatur desto subtiler. Und wenn das Chaos zu subtil ist, so ist die Kreatur um so gröber. So haben die Bergleute ein grobes Chaos, darum müssen sie desto subtiler sein, und der Mensch hat ein subtiles Chaos, darum ist der desto gröber. Und also teilen sich derart in Natur und Eigenschaften das Chaos und seine Bewohner, damit diese an ihrem Orte wandeln können.

Also ist das Wunder von der Wohnung erledigt. Ihr sollt also wissen, dass die Wohnung in den vier Elementen nicht anders ihr Chaos ist, gleich wie für uns die Luft, und da schadet weder Ertrinken, noch Ersticken, noch Verbrennen. Denn die Dinge sind nur Luft den Kreaturen, die in ihnen wohnen. Wie das Wasser des Fisches Luft ist und der Fisch nicht ertrinkt, so ertrinkt auch der Unda nicht. Also wie im Wasser, so ist es in der Erde. Die Erde ist die Luft der Gnomi, drum ersticken sie nicht. Sie bedürfen unserer Luft nicht und wir der ihren nicht. Und also ist es mit den Salamandern, da ist das Feuer ihre Luft, wie unsere Luft unsere Luft ist. Und die Sylvestres sind uns die nächsten, denn sie erhalten sich auch in unserer Luft und haben unter diesen den Tod, der dem unseren am ähnlichsten ist. Das heißt, im Feuer verbrennen sie und wir auch. Im Wasser ertrinken sie und wir auch. In der Erde ersticken sie und wir auch. Denn ein jeder bleibt in seinem Chaos gesund, in einem anderen stirbt er.

Also dürft ihr euch nicht darüber verwundern, weil das in unseren Augen unglaublich erscheint, da die Dinge alle bei Gott möglich sind, denn dieser hat alle Dinge nicht nach unseren Gedanken und unserem Verstand geschaffen, sondern über unsere Gedanken und unseren Verstand. Denn er will als ein Gott angesehen werden, der wunderbar ist in seinen Kreaturen. Denn sollte sonst nichts geschaffen sein, als allein was dem Menschen zu glauben möglich wäre, so wäre doch Gott zu schwach und der Mensch wäre ihm gleich. Drum hat er es als ein Gott geschaffen und lässt den Menschen sich darob verwundern und lässt sein Werk so groß sein, dass sich auch niemand der Dinge genug verwundern mag. So will es Gott haben.

Um aber weiter von ihrer Speise zu philosophieren, so wisset, dass jedes Chaos seine beiden Sphären hat, den Himmel und den Boden, in gleicher Weise, wie wir Menschen auf Erden wandeln. Nun gibt uns der Himmel und die Erde unserer Speise und das Chaos ist mitten zwischen den zweien. Also werden wir ernährt inmitten der zwei Sphären und der Kugel. Also haben auch die im Wasser wohnen die Erde am Boden und das Wasser als Chaos und den Himmel bis auf das Wasser und also sind sie inmitten des Himmels und der Erde und das Wasser ist ihr Chaos. Nun ist ihre Wohnung je nach ihrer Art. Also verhält es sich auch mit den Gnomi. Ihr Boden ist das Wasser und ihr Chaos ist die Erde und der Himmel ihre Sphäre. Das heißt, die Erde steht im Wasser. Nun ist ihnen die Erde das Chaos und das Wasser der Boden. Nun wächst ihnen ihre Nahrung demgemäß daraus. Die Sylphen sind wie der Mensch. Sie nähren sich wie der Mensch in der Wildnis von Kräutern in den Wäldern. Der Boden der Salamander ist die Erde und ihr Himmel ist die Luft und das Feuer ist ihr Chaos, also wächst ihnen ihre Nahrung aus der Erde und dem Feuer und ihre Konstellation ist in der Luft, diese ist ihr Himmel. Nun aber, was das Essen und Trinken betrifft, so möget ihr das folgendermaßen verstehen. Das Wasser tränkt uns, aber nicht die Gnomen, noch die Nymphen, noch die anderen zwei. Nun weiter ist uns das Wasser beschaffen, um uns den Durst zu löschen, so ist ihnen ein anderes Wasser beschaffen, das wir nicht sehen noch ergründen können. Trinken müssen sie, aber sie müssen das trinken, was in ihrer Welt ein Trank ist. Essen müssen sie desgleichen, wie es ihre Welt enthält. Diese Dinge sind weiter zu ergründen, wie, dass ihre Welt ihre eigene Natur hat, so wohl wie die unsere.

Und was die Kleidung betrifft. Sie sind bekleidet und bedecken ihre Scham. Aber nicht nach Art unserer Welt, sondern nach ihrer Art. Denn da ist Zucht und dergleichen, wie es bei den Menschen sein soll, da sind Orden und dergleichen, eine Obrigkeit, wie die Bienen ihren König haben und die Schneegänse, die ihren Vorflieger haben. Nicht nach der Ordnung des Gesetzes der Menschen, sondern nach der Ordnung der angeborenen Natur, derzufolge auch die Tiere ihre Obersten haben, also haben auch sie es, und mehr als alle Tiere, denn sie sind dem Menschen am ähnlichsten. Denn Gott hat alle Dinge bekleidet und mit Zucht geziert, dass sie vor dem Menschen gehen und stehen. Drum wisset, dass dieselbe Kleidung dem Vieh von Natur angeboren ist, diesen Leuten aber nicht. Ihnen ist nichts von Natur angeboren, sondern sie müssen darum arbeiten, wie der Mensch, dem sie gleich sind. Nun ist ihre Arbeit wie der Menschen Arbeit, entsprechend der Art ihrer Welt und Erde, in der sie wohnen. Der, der uns Wolle von den Schafen gegeben hat, der gibt sie auch ihnen. Denn es ist Gott nicht allein möglich, die Schafe zu erschaffen, die uns bekannt sind, sondern auch solche, die im Feuer, im Wasser, in der Erde sind. Denn nicht allein uns kleidet er, sondern die Gnomen, die Nymphen, die Salamander, die Sylvestres ebenso. Sie sind alle unter Gottes Schirm und werden alle von ihm bekleidet und geführt. Denn Gott hat nicht allein die Macht, den Menschen zu versorgen, sondern auch alles andere, wovon der Mensch nichts weiß und das er langsam inne wird. Und wenn er schon etwa sieht oder erfährt, so ist es ihm ein Wunder ohne Frucht, das heißt, es macht ihm weiter keine Gedanken, sondern er bleibt also verstockt und verblendet, wie einer, der mit guten Augen nicht die Gnade hat, zu sehen.

Aber von ihrem Tag, ihrer Nacht, ihrem Schlafen und Wachen wisset, dass sie alle mit dem Menschen ruhen, schlafen und wachen, das ist ebenso wie der Mensch. Dabei haben sie auch die Sonne und das Firmament so wohl wie wir. Das heißt, die Bergmännlein haben die Erde und sie ist ihr Chaos. Nun ist es ihnen nur eine Luft und keine Erde, wie sie es dann für uns ist. Daraus folgt nun, dass sie durch die Erde sehen, wie wir durch die Luft und dass die Sonne ihnen durch die Erde scheint, wie uns durch die Luft, und sie haben ebenso die Sonne, den Mond und alles Firmament vor ihren Augen, wie wir Menschen. Ferner auch die Undinen. Deren Chaos ist das Wasser. Nun ist ihnen das Wasser kein Hindernis gegen die Sonne, sondern ebenso wie wir die Sonne durch die Luft genießen, ebenso ist es auch zu verstehen, dass sie sie durch das Wasser haben. Ebenso auch die Vulcani durch ihr Feuer, und in gleicher Weise, wie uns auf Erden die Sonne anscheint und die Erde fruchtbar macht, ebenso also sollt ihr auch wissen, ist es bei ihnen wie bei uns. Drum folgt, dass bei ihnen Sommer, Winter ist, Tag und Nacht, und dergleichen. Aber was den Regen betrifft, Schnee und dergleichen, so ist das für sie nicht notwendig, sondern sie haben auf andere Art, was diesen Dingen bei uns entspricht. Das sind die großen Wunderwerke Gottes. Daraus folgt nun, dass sie Pestilenz, Fieber, Pleuresis und alle Krankheiten des Himmels haben, sowohl wie wir, und in jeder Beziehung müssen sie sie mit uns überwinden und überstehen, dieweil sie doch Menschen sind. Allein vor dem Gerichte Gottes in der Auferstehung, da sind sie Vieh und keine Menschen.

Aber betreffs der Person sollt ihr wissen, dass sie unterschieden sind. Die Wasserleute besitzen die Formen des Menschen, beide, Mann und Frau in gleicher Weise. Die Sylvester halten da die Formen nicht ein, sondern sind rauher, gröber, länger, stärker als die beiden, die Bergleute sind klein, zwei Spann hoch und so ungefähr, die Salamander sind lang schmal und dürr. Nun aber, ihre Stätte und Wohnung ist, wie oben gesagt, in ihrem Chaos. So sind die Nymphen im Wasser und fließenden Bächen und dergleichen so nahe, dass sie die Leute ergreifen, die durchreiten oder darin baden. Die Bergleute sind im Berg-Chaos und darin bauen sie ihre Häuser. Drum findet man oft, dass Estrich, Gewölbe und dergleichen in der Erde gefunden werden, in der Höhe eines Ellbogens und dergleichen. Diese sind von diesen Leuten gebaut worden, um ihnen zur Erhaltung und Wohnung zu dienen. Also tun auch die Wasserleute an ihren Orten und Stellen. So wisset auch von den Bergleuten, dass sie in den Höhlen der Berge wohnen. Darum sind die seltsamen Gebäude, die an den betreffenden Orten gefunden werden, von ihnen da. Ferner wisset auch von den Feuermännern, dass in den äthnischen Bergen ihr Geschrei, Zimmern und Arbeiten gehört werden kann, dass sie ferner auch beim Verbrennen des Elementes gefunden werden. Denn die Dinge sind alle unserer Wohnung gleich, je nach der Eigenschaft ihrer Arcana. In den Grund solcher Dinge mit Wissen einzudringen, ist in den wilden Wäldern möglich. Wer da diese durchwandert, der findet diese Dinge. Auch in den Bergwerken bei gutem Erz und dergleichen werden sie gefunden und ebenso in den Gewässern und beim Ätna die Vulkanischen. Noch viel wunderbare Dinge sind von ihrer Münze, Zahlung und von ihren Sitten zu erzählen, doch wäre dies für dieses Vorhaben zu lang und wird an seinem Orte beschrieben werden.

**Wie sie zu uns kommen und uns sichtbar werden.**

Alles das, was Gott beschaffen hat, das lässt er dem Menschen offenbar werden und erscheinen, also dass dem Menschen erkundbar sind und wie alle Geschichten der Schöpfung. Denn also hat Gott die Dämonen dem Menschen offenbar gemacht, dass der Mensch ein Wissen über die Dämonen besitze. Also stellt er ihm auch die Geister und anderes vor, was zu erkennen ihm noch schwerer möglich ist. Also hat er auch die Engel vom Himmel herab zum Menschen geschickt, dass der Mensch sehe, dass Gott wahrhaftig Engel habe, die ihm dienen. Und solche Offenbarungen geschehen selten, nur so oft es Not tut, damit man daran glaube und sie für wahr halte. Also geschieht es auch mit den Dingen, von denen ich hier schreibe. Diese erscheinen auch. Nicht dass sie darum bei uns alle wohnen sollten oder bleiben, oder mit uns verbunden sein, sondern Gott lässt sie oft zu uns wandern und bei uns sein als nötig ist, dass wir Kenntnis von ihnen nehmen, dass Gott wunderbare Werke wirkt. So erfahren wir, wenn er beispielsweise einen Engel zu uns schickt, dass die Schrift die Wahrheit von den Engeln berichtet. Und so wir das von einem wissen, so haben wir genug für alle Zeit, solange der Same des Menschen währt, so dass es nicht nötig ist, diese Dinge alle Tage vor Augen zu führen. Also hat Gott auch alle diese Dinge mitunter vorgeführt und sie ihn sehen lassen, sie mit dem Menschen wandeln und reden lassen, und dergleichen, auf dass der Mensch sich dessen bewusst werde, dass es solche Kreaturen gibt in den vier Elementen, die da wunderbar vor unseren Augen erscheinen. Und damit wir einen guten Bericht über diese Dinge besitzen mögen, sind die Wasserleute den Menschen wohl bewusst, nicht nur dadurch, dass sie mit den Augen gesehen wurden, sondern auch, dass sie den Menschen vermählt wurden und ihnen Kinder gebaren. Ebenso sind die Bergleute nicht allein erschaffen worden, sondern sie wurden gesehen, man hat mit ihnen geredet und Geld von ihnen empfangen und Streiche und dergleichen. Ebenso gilt auch das gleiche von den Waldleuten; wie oben gesagt, wurden sie gesehen und wurde mit ihnen gehandelt und gewandelt. Ebenso verhält es sich mit den äthnischen Vulcani, welche ebenfalls, wie oben steht, dem Menschen erscheinen und sich in ihrem Wesen zeigen, wer sie sind und was über sie alle zu wissen ist.

Und so viel wurde dem Menschen dargeboten, dass er daraus eine genügende Lehre ziehen und entnehmen mag, die Werke Gottes eingehend zu ergründen aus dem Lichte des Menschen, welches dem Menschen allein vor allen anderen Kreaturen besonders gegeben ist. Denn gleiches soll in gleichem erkannt werden, das heißt, der Mensch ist ein Geist und ein Mensch, ewig und sterblich. Daraus folgt billigerweise ein Wissen der anderen Dinge, so er der aus Gott und nach Gott Geschaffene ist.

Nun könnte der Mensch nie philosophieren, wenn er nicht ein Objekt fände, das ihm zum Anlass würde, auf das er seine Gedanken gründen könnte. Wenn beispielsweise ein Mensch vom bösen Geiste besessen ist, so hat er jetzt zu betrachten, was das sei. Denn nichts gibt es, das verborgen bliebe und nicht geoffenbart würde, es muss alles hervor. Geschöpfe, Natur, Geist, Böses und Gutes, außen und innen, und alle Künste und alle Doktrinen, Lehren und was geschaffen ist. Also erscheinen solche Dinge zuzeiten, jedoch nur so viel, dass sie im Gedächtnis der Menschen und doch verborgen bleiben und nicht gemein werden. Nichtsdestoweniger erscheint der Mensch niemandem so, wie die Dinge dem Menschen erscheinen. Das heißt, die Nymphen erscheinen uns (wunderbar), wir aber ihnen nicht, nur dass sie in ihrer Welt von uns erzählen, wie von einem Pilger, der in fernen Landen gewesen ist. Denn ein solches Verwundern ist nicht nötig bei ihnen, so wie uns die Bergleute in Verwunderung setzen, oder die Wasserleute. Denn sie haben über den Menschen nicht Gewalt, sind auch in ihrer Welt nicht so eingerichtet, dass es ihnen möglich wäre, uns aufzunehmen. Das aber zu schreiben, ist hier nicht mein Vorhaben, da doch auch der Mensch nicht subtilen, sondern groben Leibes ist und subtil nur in seinem Chaos, dessen Widerspiel sie sind. Drum können sie unser Chaos wohl dulden, wir aber nicht, das ihre auch das Element, das für sich selbst ihr Chaos ist, das uns kein Chaos sein kann. Also erscheinen sie uns und bleiben bei uns, vermählen sich bei uns und sterben bei uns und gebären, und dergleichen.

Nun aber, was das betrifft, dass sie nun offenbar werden sollen, so ist das von einem göttlichen Urteil abhängig. In gleicher Weise wie Gott einen Engel zu uns schickt, und ihm seinen Auftrag gibt und ihn dann wieder fortnimmt. Also werden auch die Dinge uns genugsam vor Augen geführt. So ist es mit den Wasserleuten, sie kommen aus ihren Gewässern heraus zu uns, lassen sich kennen lernen und handeln und wandeln mit uns, gehen wieder fort in ihr Wasser, kommen wieder, das alles, damit der Mensch Gottes Werke betrachte. Nun sind sie zwar Menschen, aber nur im Tierischen (Sinne) ohne Seele. Darauf folgt nun aber, dass sie mit den Menschen verheiratet werden können, also dass eine Wasserfrau einen von Adam stammenden zum Manne nimmt, mit ihm Haushält und ihm Kinder gebärt. Was nun die Geburt der Kinder betrifft, so wisset nun, dass sie dem Manne nachgeraten. Darum weil der Vater ein von Adam stammender Mensch ist, darum wird dem Kinde eine Seele eingegossen und es wird gleich einem rechten Menschen, der eine Seele hat und das Ewige. Nun aber ist auch das weiter mit rechtem Wissen zu erfassen, dass auch solche Frauen eine Seele empfangen dadurch, dass sie vermählt werden. Also dass sie wie andere Frauen vor Gott und durch Gott erlöst sind. Denn das wird auf mancherlei Art erprobt, dass sie nicht ewig sind und dass sie aber den

Menschen verbunden ewig werden, das heißt, beseelt werden, wie der Mensch. Das sollt ihr nun auf diese Weise verstehen. Gott hat sie geschaffen, dass sie den Menschen so gleich und ähnlich sind, dass es nichts geben könnte, was ihm ähnlicher wäre, und dabei hat er ein Wunder getan, dass sie keine Seele haben. So sie sich aber mit dem Menschen verbünden, dann gibt dieses Bündnis die Seele. In gleicher Weise wie ihr das Bündnis seht, das der Mensch mit Gott und Gott mit den Menschen hat, und das durch Gott aufgerichtet wurde. Das macht nun, dass wir in Gottes Reich kommen. So das Bündnis nicht wäre, was wäre uns die Seele nütze? Nichts. Aber darum, dass es dieses Bündnis mit dem Menschen gibt, darum ist jetzt die Seele dem Menschen nütze, der sonst vergebens da wäre. Das sei ein Exempel auch für sie. Sie haben keine Seele. Werden sie dann mit dem Menschen verbunden, so haben sie erst eine Seele, und wenn sie im Tode dahinscheiden, da bleibt nichts von ihnen übrig, wie beim Vieh. Also ist ein Mensch, der nicht im göttlichen Bündnis ist, wie diese. Und wie es diesen Leuten ergeht, wenn sie mit dem Menschen verbunden werden, also ist es mit dem Menschen, so er in das göttliche Bündnis aufgenommen wird. So geben sie ein Beispiel, dass sie ohne den Menschen Tiere sind und also wie sie sind, so ist der Mensch ohne göttliches Bündnis nichts. So viel vermag das Bündnis zweier zueinander, dass das Geringere des Besseren Vorzug genießt und seine Kraft hat.

Daraus folgt nun, dass sie um den Menschen buhlen, sich um ihn bemühen und sich mit ihm vertraut machen. In gleicher Weise wie ein Heide um die Taufe bittet und buhlt, auf dass er seine Seele erlange, und lebendig werde in Christo, also stellen sie solcher Menschenliebe nach, auf dass sie mit den Menschen in demselben Bündnis seien. Denn allen Verstand und alle Weisheit besitzen sie, außer der Seele Eigenschaft, und die Seele nicht. Also empfangen sie die Seele und ihre Kinder auch, kraft der Furcht Adams, die sie vor Gott haben und tragen. Nicht minder ist an die Dinge zu denken, die Gott aus ihnen zuletzt machen wird, da sie dem Menschen so nahe sind und so zu betrachten sind wie die wilden Menschen. Wie man sagt, dass der Wolf ein wilder Hund, der Steinbock ein wilder Geißbock ist und dergleichen, so ist es auch ebenso wenig möglich, sie alle mit uns zu verheiraten. Die Wasserleute am ehesten und sie sind uns auch die nächsten. Die Waldleute sind nach ihnen die nächsten, dann die Bergmännlein und die Erdmännlein, welche doch selten mit Menschen verheiratet, sondern ihm nur zu Dienste verpflichtet werden. Und die Äthnischen haben gar nicht teil an einer Verbindung mit dem Menschen, doch können sie ihm dienstbar werden. So wisset auch, dass diese zwei, nämlich die Erdmännlein und die Äthnischen für Geister gehalten werden, und nicht für eine Kreatur, wie sie aussehen. Gleichsam als wäre es nur ein Schein oder Gespenst. Da wisset nun darüber: Wie sie erscheinen, also sind sie Fleisch und Blut, wie ein anderer Mensch, aber dabei ein Geist, behände und schnell, wie am Anfang erzählt ist. Sie wissen auch alle zukünftigen, gegenwärtigen und die geschehenen Dinge, die nicht vor Augen sind, sondern verborgen, damit können sie dem Menschen dienen, ihn erhalten, warnen, führen und dergleichen. Denn sie haben Vernunft wie die Menschen (außer der Seele), sie haben Wissen und Verstand der Geister (außer dem Gottes). Darum sind sie sehr begabt und wissen und warnen, auf dass der Mensch solche Dinge erfahre und sehe, und an die Existenz solcher Kreaturen glaube. Drum hat sie Gott den Menschen erscheinen lassen, dass sie ihnen kundtun und sie lehren, was Gott in solchen Kreaturen wirkt.

Wie nun von den Nymphen gesagt wurde, kommen sie aus dem Wasser zu uns und sitzen am Gestade der Bäche, wo sie dann ihre Wohnung haben, wo sie dann gesehen, genommen, gefangen und vermählt werden, wie es oben steht. Die Waldleute nun aber sind gröber als sie, denn sie reden nichts, das heißt sie können nicht reden, und doch haben sie Zungen und alles genug, was zum Reden nötig ist. Dadurch unterscheiden sie sich von den Nymphen, denn diese sind gesprächig, in derselben Landessprache, die Waldleute aber nicht; zum Lernen aber sind sie geschickt. Die Bergleutchen haben auch die Sprache wie die Nymphen. Und die Äthnischen, die reden nichts, können aber reden, doch schwer und selten. Die Nymphen erscheinen, wie oben steht, in menschlicher Kleidung und mit menschlichem Aussehen und mit menschlichen Begierden. Die Waldleute sind wie die Menschen, aber scheu und unbeständig. Die Bergleute sind nicht lang wie die Menschen, sondern kurz, doch auch mitunter von halber Mannslänge und auch länger. In dieser und ähnlicher Weise erscheinen die Äthnischen, nämlich im Feuer und sind voller Feuer in all ihrem Wesen und Gewand. Und das sind die, von denen man sagt, in dem Hause geht ein Feuermann oder Geist um, oder eine brennende Seele etc., wie es sich denn oft begibt, dass solche Gestalten gesehen werden. Auch sind die Flammen, die oftmals als brennende Lichter gesehen werden, die auf den Wiesen und Äckern durcheinander und gegeneinander laufen, nichts anderes als die Vulcanischen. Aber man findet nicht, dass sie bei den Menschen wohnen, und zwar wegen ihres Feuers. Aber oftmals werden sie bei den alten Frauen gefunden, das ist bei den Hexen, mit denen sie buhlen. Ferner wisset auch, dass der Teufel sie besitzt, in gleicher Weise wie einen Menschen, und mit ihnen in der Weise vor den Leuten herumfährt, wie berichtet wurde. Und also werden sie zu den Hexen geführt und gebracht und viele solche Dinge ereignen sich da, indem diese Dinge vom Teufel besessen sind, worüber hier zu schreiben viel zu lang wäre. So wisset aber, dass man auf der Hut sei vor den Feuerleuten, aus dem Grunde, weil sie gemeiniglich vom Teufel besessen sind und der Teufel so in ihnen wütet, den Menschen zu großem Nachteile. Ferner wisset auch, dass er also auch in die Bergleute fährt und sich sie ebenso dienstbar macht. Und ebenso auch in die Waldleute, und was in den Wäldern zu finden ist, das ist, er hat die Waldfrauen in seinem Besitz und wer sich untersteht, bei denen zu buhlen, die in den Wäldern wohnen, und das geschieht auch, da wird dieser gleich den Aussätzigen räudig und schäbig, und niemand kann ihm mehr helfen.

Aber so die Dinge nicht vom Teufel befallen sind, so sind sie menschlich und suchen Bündnisse mit ihm, wie berichtet wurde, aber sie behalten die Art der Geister, was das Verschwinden betrifft. Wenn einer eine Nymphe zum Weibe hat, so lasse er sie zu keinem Wasser kommen, noch beleidige er sie auf dem Wasser. Also auch, so einer einen Bergmenschen bei sich hat, der beleidige ihn auch nicht an solchem Orte, denn da gehen sie ihm verloren. So sehr aber sind sie verpflichtet und verbunden, dass sie vom Menschen nicht fortkommen können, nur wenn sie Ursache dazu haben, und das geschieht an solchen Orten, woher sie kommen. Denn wenn einer eine Frau hat, die kommt nicht von ihm los, es sei denn, dass er sie auf dem Wassern erzürnt, sonst kann sie nicht verschwinden, sondern sie ist zu bezwingen. Auch die Bergleutlein, wenn sie in Dienstpflicht und Gelöbnis genommen wurden, so müssen sie es halten, nur damit auch ihnen gegenüber gehalten werde, was man ihnen zu tun schuldig ist. Denn Pflicht soll gegen Pflicht gehalten werden, so sind sie wahrhaftig und beständig und ganz in ihren Dingen. Und wisset aber, dass sie dem Menschen auch besonderes treu und sehr geneigt sind, so zum Beispiel, dass sie ihm Geld geben. Denn die Bergleute haben Geld, weil sie es selbst münzen. Das ist so zu verstehen: Ein Geist hat, was er wünscht. Und mit ihrem Wünschen und Begehren verhält es sich so. Wenn ein Bergmännlein eine Summe Geldes begehrt oder wünscht, und es die Notdurft erfordert, so hat er das und es ist gutes Geld. Also geben sie vielen Leuten Geld in den Schluchten der Berge, damit sie wieder hinweg gehen, sie kaufen den Leuten ihr Weggehen ab. Das alles ist göttliche Ordnung, dass sie uns also offenbar werden und dass wir sehen, was uns unglaublich zu sagen ist und wäre. Unter allen Kreaturen ist der Mensch der am schwersten gebundene. Was er haben muss und will, das muss er sich machen und kann mit Wünschen und Begehren nichts erlangen. Aber die Leute, die haben was Not ist, nach ihrem Begehren und dabei aber arbeitet der Mensch nicht, das heißt, sie haben es ohne Arbeit.

*

Nun aber wisset am Ende dieses Traktates, dass genügend über die Notdurft der Dinge berichtet wurde, die sie zum Menschen führt. So dabei auch weiter, wie sie vom Menschen hinwegkommen und von ihrem Wandel bei uns, wovon es viele Historien und Geschichten gibt, die durch sie auf viele Art gar seltsam geschehen sind. Zuerst nämlich wisset, wenn sie dem Menschen vermählt sind und bei ihm Kinder gebären, wie oben steht, so wisset darüber: Wenn sie vom Manne erzürnt werden, auf dem Wasser und dergleichen, so geschieht nichts anderes, als dass sie ins Wasser fallen und niemand findet sie mehr. Nun gibt sich der Mann der Meinung hin, sie seien ertrunken, denn er sieht sie nimmer. Darüber wisst auch, dass er sie nicht für tot und gestorben halten soll, wiewohl sie in das Wasser gefallen ist, sondern für lebendig, und wisset ferner, dass er kein anderes Weib nehmen soll. Denn wo das geschieht, so wird er sein Leben darum geben müssen und nie mehr an die Welt kommen. Denn die Ehe ist nicht geschieden, sondern sie ist noch ganz. In gleicher Weise, wie eine Frau, die von einem davonläuft. Dieselbe ist nicht ledig von ihrem Mann, noch der Mann von ihr, sondern es ist eine ganze Ehe, die nicht zerteilt ist, die auch niemand scheiden kann in Ewigkeit, solange das Leben währt. Nun aber, wenn sie in das Wasser fällt, verlässt sie Mann und Kinder und doch ist die Ehe noch ganz. So wisset, dass sie des Bündnisses und der Pflicht halber am jüngsten Tage erscheinen wird. Denn da wird die Seele nicht von ihr genommen, noch geschieden, sie muss ihr nachgehen, und ihre Pflicht erfüllen. Wiewohl sie eine Wasserfrau und eine Nymphe bleibt, so muss sie doch so sein, wie es der Seele zukommt und der Pflicht, die sie auf sich genommen hat. Nun sind sie von einander geschieden, da gibt es kein Wiederkommen, es sei denn, dass der Mann ein anderes Weib nähme, und dass sie kommt und ihm den Tod bringt, wie denn oft geschieht.

So ist nun auch nicht weniger von Bedeutung, dass auch Sirenen geboren werden, das sind auch Wasserfrauen, mehr auf dem Wasser, als im Wasser. Nicht dass sie wie die Fische gespalten wären, sondern sie sind doch gleich einer Jungfrau, aber etwas entformt, wider die Frauenart. Sie gebären nichts, sie sind Monstra, in gleicher Weise wie so ein wunderbarer Mensch von zwei rechten Menschen geboren wird. Wenn ich annehme, dass die Wasserleute einander gebären wie die Menschen, wenn es sich nun begäbe, dass sie eine Missgeburt hervorbrächten, diese Missgeburt sind die Sirenen. Die schwimmen auf dem Wasser, denn dieses stößt sie von sich fort und behält sie nicht. Darum haben sie mancherlei Form und Gestalt, wie es bei allen Missgeschöpfen geschieht und sich trifft. Also hat man sich nicht allein über die Wasserleute zu verwundern, sondern über die Syrenen, die ein gar seltsames Wesen haben, gar sehr verschieden von dem der Menschen. Etliche gibt es, die singen können, etliche pfeifen auf Röhren, etliche so und etliche so. Also werden auch unter den Nymphen Mönche geboren, das ist ein Missgeschöpf, in gleicher Weise geformt wie ein Mönch. Denn das sollt ihr wissen, dass solche Geschöpfe, die sich den Menschen vergleichen lassen, und an ihren Orten gefunden werden, von den Menschen kommen, das heißt, sie kommen von den Wasserleuten, Erdmännlein und dergleichen. Dass ihr nun aber da den rechten Grund verstehet. Gott wirkt wunderbare Dinge in seinen Kreaturen, in gleicher Weise, wie ein Komet aus den anderen Sternen hervorgeht und nur ein Übergewächs ist, das ist ein Geschöpf nicht mit dem natürlichen Lauf, den ein Gestirn haben soll, sondern dem von Gott ein besonderer, ein anderer Lauf gegeben wurde. Drum hat der Komet eine große Bedeutung. Also sind auch die Meerwunder und dergleichen, die von den Wasserleuten kommen, ebensolche Kometen, die Gott dem Menschen besonders vor Augen führt, nicht ohne große Bedeutung und Anzeichen. Darüber zu schreiben, ist hier nicht nötig, aber das sollt ihr wissen, dass große Dinge aus solchen Leuten hervorgehen, die dem Menschen große Spiegel vor seinen Augen sein sollten. Aber es ist in vielen die Liebe erkaltet, drum achtet man dieser Dinge nicht, nur des Wucherns und des Eigennutzes, des Spielens und Saufens, was alles durch diese Dinge versinnbildlicht wird, als ob sie sprächen: Seht die Monstra, so werdet ihr nach eurem Tode sein, lasst euch warnen, hütet euch. Aber es geschieht nicht.

Um nun weiter von diesen Dingen zu reden und zu berichten, so wisset, dass sich auch solche Leute eine gemeinsame Wohnstätte eröffnen, sich an einem Orte ansammeln, wo sie dann beieinander wohnen mögen und Gemeinschaft mit dem Menschen suchen, denn sie lieben ihn. Die Ursache dafür liegt darin, dass Fleisch und Blut sich an Fleisch und Blut hält. Dabei sind auch mehr Frauen als Männer unter ihnen, weniger Männer, viel Frauen, drum bemühen sie sich um die Männer wo sie können. Von solchen

Leuten also ist eine Ansammlung entstanden, die man den Venusberg heißt, allein das ist eine Nymphenart, die sich hier zusammengetan hat, eine Höhle und ein Loch zu ihrer Welt erkoren hat und doch nicht in ihrem Chaos lebt, sondern im Menschenchaos, aber in ihren Regionen. Nun wisset von ihnen, dass sie ein hohes Alter erreichen und es ihnen doch nicht anzusehen ist, denn in einer Gestalt bleiben sie vom ersten bis zum letzten Augenblick und so sterben sie. Nun ist die Venus eine Nymphe und eine Undine, die bedeutender ist als die anderen, welche lange Zeit regiert hat, aber gestorben ist, und die Nachkommen der Venus waren nicht so (tüchtig) in solcher Haushaltung, und sind also mit der Zeit abgestorben und das Reich ist zergangen. Nun gibt es viele Sagen von ihr, das heißt, es gibt etliche, die da meinen, sie sei eines bleibenden Lebens bis an den jüngsten Tag. Das ist so zu verstehen: Sie und ihr Same, aber nicht sie allein. Und am jüngsten Tag werden die Dinge alle vor Gott erscheinen, und zergehen, und ein Ende nehmen. Wenn aber gesagt wird, dass auch was zu ihnen komme nicht stirbt, das bewährt sich nicht. Denn alle Dinge ereilt der Tod und nichts gibt es, das bliebe, weder sie noch andere Leute, nichts ist ohne Ende. Aber des Samens halber bleiben alle Geschlechter bis an den jüngsten Tag. Dass diese Dinge einen anderen Anfang gehabt hätten, wie man von einer Königin erzählt, die dagesessen und umgesunken sei, so wisset, dass eine Wasserfrau dagesessen ist, die hat sich in den Berg hinuntergelassen unter den Weiher, der am Gipfel ist, in ihre Region und da hat sie sich ihre Wohnung gemacht, und nach Art der Buhlerei einen Schacht durch den Berg getrieben, heraus zu den Gesellen und die Gesellen hinein. Und so wunderbar ist es da zugegangen, dass niemand davon hat berichten können, was es sei, oder woher, solange bis es zu einem Ende gekommen ist. Das ist wohl möglich, dass sich so etwas wieder begeben könnte, wenn noch eine ihres gleichen käme. Denn wie oft ereignet es sich, dass ein Mensch wunderbarer ist als die anderen, dann lange Jahre hindurch nichts mehr seinesgleichen. Also ist auch da ein besonderes Zeichen geschehen von den Nymphen, welches der Venusberg geheißen wurde, nach der Abgöttin der Unkeuschheit. Solcher wunderbarer Geschichten sind viele auf Erden geschehen, aber gröblich verachtet, was doch nicht sein soll. Denn keines dieser Dinge geschieht, ohne dass sie besondere Beachtung verdienten. Drum sollen sie nicht verachtet werden, was hier zu schreiben nicht nötig ist.

Nun also ist auch eine wahrhaftige Geschichte von der Nymphe im Stauffenberg, die sich mit ihrer Schönheit in den Weg gesetzt hat, und die

ihren Herrn vornehm wartet. Nun ist ein solches Ding bei den Theologen nicht minder als ein Teufelsgespenst. Aber fürwahr, nicht bei den rechten Theologen. Was ist größer in der Schrift als nicht zu verachten, alle Dinge wohl zu ermessen mit reifem Verstande und Urteil und alle Dinge zu ergründen und nichts unergründet zu verwerfen? Es hat dann wohl den Anschein, dass sie zu wenig von den Dingen verstehen, sie gehen darüber kurz hinweg und sagen, es seien Teufel, so sie doch den Teufel auch nicht wohl kennen. Das sollt ihr aber wissen, dass Gott solche Mirakel geschehen lässt, nicht darum, dass wir alle ebenso Nymphen zu Weibern nehmen oder bei ihnen wohnen sollten, sondern mitunter einer einmal, um uns die seltsamen Werke in den göttlichen Kreaturen zu zeigen und dass wir die Werke seiner Arbeit sehen. Und so es aber ein Werk des Teufels wäre, so sollte es verachtet werden. Das ist es aber nicht, denn er kann es nicht, nur Gott allein kann es. Nun war diese Nymphe eine Wasserfrau, versprach sich dem vom Stauffenberg, blieb auch bei ihm, solange bis er ein anderes Eheweib nahm und sie für eine Teufelin hielt. Da er sie dafür hielt und also achtete, nahm er ein anderes Weib. Darauf folgte nun, dass er ihr das Gelöbnis brach. Drum gab sie ihm auf der Hochzeit das Wahrzeichen durch die Tischplatte (Brett, Podium) auf seinen Tisch bei ihrem Schenkel. Und also war er am dritten Tag tot. Um solche Dinge zu beurteilen, dazu gehört große Erfahrung. Denn ein Gelöbnis (=Pakt) zu brechen, bleibt nicht ungerächt, es geschehe wie es wolle, zu Ehre und zu Ehrbarkeit und zu Nutze, um anderem Übel und Laster zuvorzukommen. So sie ein Gespenst gewesen wäre, woher hätte sie Blut und Fleisch genommen? So sie ein Teufel gewesen wäre, wo wären dann die Teufelszeichen geblieben, die allemal mitlaufen? Ist es aber ein Geist gewesen, was hat er dieser Dinge bedurft? Es ist ein Mensch gewesen und eine Nymphe, wie beschrieben ist, eine Frau in Ehren und nicht in Unehren. Drum wollte sie, dass Pflicht und Treue gehalten werde. Da es aber nicht geschehen ist, noch war, da strafte sie den Ehebruch auf göttliches Geheiß selbst, (denn kein Richter urteile auf ihr Begehren, weil sie nicht von Adam her war). Darum ward ihr von Gott die Bestrafung, die einem Ehebruch gebührt, überlassen und ihr erlaubt, selbst Richter zu sein, da sie die Welt als einen Geist oder eine Teufelin verwarf. Dieser Dinge sind viel mehr geschehen, die aber von den Menschen der Verachtung preisgegeben wurden, was aber übelgeschehen und ein Zeichen großer Torheit ist.
Nun ist nicht minder der Melusina große Aufmerksamkeit zu schenken, denn sie ist nicht so gewesen, wofür sie von den Theologen gehalten

wurde, sondern eine Nymphe. Aber das ist wahr, dass sie vom bösen Geist besessen war, den sie von sich abgeschüttelt hätte, wenn sie bis zu ihrem Ende bei ihrem Herrn geblieben wäre. Denn so ist der Beelzebub (=Baalzebuth), dass er die Dinge in andere Formen verwandelt, wie er es auch den Hexen tut, die er in Katzen und in Meerwölfe, Hunde etc. verwandelt. Also ist es auch ihr geschehen, denn von der Hexerei ist sie nicht losgekommen, sie hatte teil daran. Daraus folgte dann eine Superstition (Aberglaube), dass sie am Samstag ein Wurm hatte sein müssen, was ihr Gelübde gegen den Beelzebub gewesen ist, auf dass er ihr zu einem Mann verhelfe. Weiter ist sie eine Nymphe gewesen mit Fleisch und Blut, fruchtbar und gebärfähig, von den Nymphen zu den Menschen auf die Erde gekommen und hat also da gewohnt. Und weiter ist sie, wie denn die Superstition alle Dinge verführt und verdirbt, wieder in der Superstition hinweggefahren von den ihrigen an die Orte, wo denn die verführten Leute, die in den Superstitionen verzaubert sind, und verhext sind, hinkommen. Es ist wohl anzunehmen, dass sie derselbe Wurm geblieben ist bis ans Ende ihres Lebens, das weiß Gott wie lange währt. Also sind uns die Dinge Exempel, an denen wir verstehen sollen, was wir auf Erden sind und mit welch seltsamer Art der Beelzebub in allen Winkeln mit uns handelt und uns nachstellt, dass ihm inmitten des Meeres nichts verborgen ist, noch inmitten der Erde, wo er sich aufhält. Aber wo wir sind, da ist auch Gott, der erlöst die seinen an allen Orten. Dass aber darum solcher Dinge und Sachen wegen solche Frauen nur darum, weil sie nicht von Adam her sind, für Teufel und Gespenster gehalten werden sollten, ist töricht, ebenso dass Gott in seinen Werken für so klein gehalten wird und dass sie darum, weil sie Superstitiones haben, verworfen werden sollten, so doch Superstitiones in der römischen Kirche mehr sind als bei allen diesen Frauen und Hexen. So kann es doch wohl zum Beispiel einmal der Fall sein, dass die Superstition, die den Menschen zu einem Wurm macht, ihn auch zu einem Teufel macht, das heißt, ergeht es den Nymphen so, wird es euch in der römischen Kirche auch ebenso ergehen, das heißt, ihr werdet auch in solche Würmer verwandelt werden. Wie ihr jetzt hübsch und schön seid, mit großen Diademen und Schmuck geziert, das wird zuletzt zu einem Wurm und Drachen geraten, gleich wie die Melusine und andere ihresgleichen.

Drum ermesset diese Dinge alle wohl und seid nicht blind mit sehenden Augen und stumm mit guten Zungen, dieweil ihr euch doch nicht stumm, noch blind heißen lasset.

## Von den Ursachen des Daseins solcher Geschöpfe.

Was nun aber die natürlichen Ursachen des Daseins dieser Geschöpfe betrifft, so ist darüber billigerweise an den Punkten nachzulesen, wo darüber einiges berichtet wurde, nämlich in den vorhergehenden Traktaten, so dass es hier zu erzählen nicht nötig ist. Ferner aber die Ursachen, die sich tiefer ergründen lassen, sind die, nämlich, dass Gott einen Hüter einsetzt über die Natur für alle Dinge und nichts unbehütet lässt. Also wisset, dass die Gnomi, die Pygmäen, die Manes, die Schätze der Erde, das ist die Metalle und dergleichen, hüten. Denn wo sie sind, da sind mächtige Schätze in gewaltigen Haufen. Von solchen Leuten werden sie behütet, bewahrt und verborgen, dass sie nicht an den Tag kommen bis zu ihrer Zeit. Denn wenn man sie findet, so spricht man: Vor Zeiten wandelten hier Bergleute und Erdmenschen, aber jetzt ist das vorbei, das heißt soviel, dass jetzt die Zeit ist, da es offenbar werden soll. Denn so sind die Schätze der Erde verteilt, dass von Anfang der Welt für und für die Metalle, Silber und Gold, Eisen etc. gefunden werden und so werden sie von den Leuten behütet und bewahrt, dass sie nicht an einem Tag zum Vorschein kommen, sondern nacheinander für und für, jetzt in dem Lande, dann in einem anderen. Also wandern die Bergwerke mit der Zeit und sind nach Ländern verteilt vom ersten Tag bis zum letzten. Ebenso ist es auch von den Feuerleuten zu verstehen, die auch Hüter derselben Feuerstätten sind, an denen sie wohnen. Denn darin werden die Dinge geschmiedet, die andere hüten, da werden sie bereitet und zugerichtet. Denn so das Feuer vergeht, so folgt darauf die Wacht der Erdmännlein, und nach der Wacht der Erdmännlein ist das offenbar. Also ist es mit den Luftleuten, die hüten draußen Gestein, das zu Tage liegt, und bei den Feuerleuten erzeugt und bereitet wurde an der Stätte, wo es sein soll und wo es den Menschen in die Hände kommen soll. Das bewahren sie so lange, bis die Zeit dafür kommt, denn wo Schätze liegen, da sind solche Leute dabei. Das sind verborgene Schätze, die noch nicht offenbar werden sollen. Darum, weil sie Hüter solcher Dinge sind, ist wohl zu verstehen, dass solche Hüter ohne Seele beschaffen sind, aber doch dem Menschen ähnlich und gleich. Die Undinen sind die Hüter im Wasser der großen Wasserschätze, die im Meere liegen und dergleichen, die auch von den Feuerleuten verlassen und geschmiedet worden sind. Darum soll man insgemein daran denken, dass dort, wo sie sind, auch große Schätze, Erze und dergleichen verborgen liegen, die sie hüten, wie es denn in mancherlei Gestalt offenbar ist.

Die gleiche Ursache hat das Dasein der Sirenen, Riesen, Zwerge, auch der Irrlichter, die auch nur Monstra der Feuerleute sind, damit sie auch etwas Neues ankündigen und anzeigen. Sie hüten nichts, aber sie bedeuten etwas Schweres für den Menschen. Nämlich, wo Irrlichter sind, so bedeutet das, dass diesem Lande in Zukunft der Untergang bevorsteht, das heißt: Stets bedeutet das dieser Monarchie Zerstörung und dergleichen. Auch die Riesen bedeuten eine große zukünftige Zerstörung dieses Landes und dieser Erde und solch große Unbill. Und die Zwerge bedeuten zumeist große Armut im Volke, die Sirenen den Untergang von Fürsten und Herren, Sekten oder Parteien. Denn Gott will uns alle in einem Wesen haben, was dawider ist, das lässt er zu Boden fallen, und wenn es dann so geschehen soll, so kommen Vorboten, und diese Vorboten stellen eben diese Dinge dar, wie oben steht. Doch nicht allein diese, sondern noch viel mehr andere dazu. Denn wisset ferner auch, dass die Vorboten stets abwechseln und nicht in gleicher Weise kommen, sondern vor unseren Augen verborgen.

Und zuletzt die Ursache, die am größten ist, die ist uns verborgen, aber wenn das Ende der Welt nahen wird, dann werden die Dinge alle offenbar werden, von dem kleinsten bis zum größten, vom ersten bis zum letzten, was ein jedes sei und warum es da gestanden und gegangen ist, aus welcher Ursache und zu welcher Bedeutung, und alles, was in der Welt ist, wird offenbar werden und an den Tag kommen. Dann werden die dem Namen nach Hochgelehrten erscheinen, die aber nichts erfahren haben in diesen Dingen. Da werden erkannt werden, die im Grunde Gelehrten und die nur Geschwätz gelernt haben. Die mit Wahrheit geschrieben haben und die, die mit Unwahrheit gehandelt haben. Die, die mit Gründlichkeit und die mit Ungründlichkeit vorgegangen sind, und ein jeder wird gemessen werden nach seinem Fleiße, nach seinem Ernste, nach seiner Wahrheit. Und an dem Orte wird nicht ein jeder ein Meister sein oder bleiben, noch auch ein Doktor. Denn da wird ausgerottet das Unkraut vom Weizen und geschieden die Spreu vom Korn. Der jetzt schreit, der wird stille gemacht werden, der jetzt die Blätter zählt, dem werden an dem Ort die Federn genommen werden. Die Dinge werden alle offenbar werden, ehe der jüngste Tag kommt, so dass man alle Gelehrten, die bisher waren, auch bis auf diese Zeit nacheinander erkennen wird, wer gelehrt ist oder nicht, wer recht oder unrecht geschrieben hat, was noch jetzt zu meiner Zeit verborgen liegt.

Selig werden die Leute sein zu diesen Zeiten, denen der Verstand geoffenbart werden wird. Denn alles, was aus den Herzen der Menschen hervorgebrochen ist, wird offenbar werden, als stünde es einem jeden auf seiner Stirne. Dieser Zeit befehle ich auch das Urteil meiner Schriften an, dass nichts verborgen bleibe, wie es denn geschehen wird. Denn Gott macht das Licht offenbar, das heißt, ein jeder wird es sehen, wie es geleuchtet hat.

## Von der Schöpfung und Erhaltung der vier Elementar-Körper

Aus der Erde entstehen alle Körper. Denn die Erde ist die Mutter aller körperlichen Dinge. Denn der erste Mensch ist aus der Erde gemacht und nach ihm sind alle Menschen von der Erde und müssen auch von der Erde erhalten werden, das ist, durch die Speise von Körpern und Lebewesen und durch Trank, was auch von der Erde ist und aus der Erde wächst. Also muss auch, was von uns aus dem Himmel ist, vom Himmel erhalten werden und nicht von der Erde. So wird auch, was im Wasser geboren ist und in dem Wasser sein Leben empfangen hat, vom Wasser erhalten und im Wasser ist sein Leben, außerhalb dessen sein Tod, wie man an den Fischen sieht. So hat auch, was in der Luft gebiert und aus der Luft stammt, wie Tereniabin, Meteorstaub, Manna und Melisse etc. Kräfte des Himmels und der Luft in sich. Sie müssen auch von der Luft erhalten werden, in gleicher Weise wie die Vögel, die auch in der Luft ihr Wesen treiben und in der Luft erhalten werden müssen. Denn im Wasser und im Feuer können sie nicht fliegen, so auch nicht unter der Erde. Was also die Erde gebiert, was aus dem Erdreich ist und von dem Erdreich hervorkommt, muss auch wieder von der Erde erhalten werden, so da ist alles kriechende Gewürm und die kriechenden Tiere, dann auch alle Kräuter, Wurzeln und was aus der Erde hervorwächst. Denn wir sehen dabei auch genügende Exempel, dass die Kräuter und Wurzeln, wenn sie von ihrer Mutter, das ist die Erde genommen werden, bald verdorren und verderben und ihre Feuchtigkeit verlieren, wovon sie sonst wachsen und zunehmen. Also muss auch, was aus dem Feuer kommt und was das Feuer gebiert oder des Feuers Natur hat, wie der Salamander und der Phönix, diese beiden müssen ihr Leben auch im Feuer erhalten und auch nach großem Alter verjüngt sich dadurch der Vogel Phönix.
Ferner ist zu wissen, dass ein jedes Kind sich seine Mutter erfreut und auch seiner eigenen Mutter lieber und angenehmer ist als einer anderen Mutter, die das Kind nicht geboren hat. Darum sollt ihr wissen, dass es vier Mütter gibt, die alle körperlichen Dinge gebären, aber nur ein Vater, der der

Himmel ist.

Ferner ist darüber auch zu wissen, dass einer jeden körperlichen Materie, die ihrer eigenen Mutter beraubt ist, der Tod bevorsteht und dass sie zur Mumie wird. Denn alles was sein Leben verliert, ist eine Mumie. Dafür habt ihr ein Beispiel an den Fischen. Die können weder in der Luft, noch im Erdreich oder im Feuer ihr Leben erhalten. Denn sie haben weder Federn, noch Flügel, darum können sie nicht fliegen und sich in der Luft erhalten oder nähren. Sie haben auch keine Füße oder die Natur der Würmer; darum können sie nirgends hinlaufen oder unter das Erdreich kriechen. Sie haben auch keine Salamanderhaut oder deren Gefieder, welches kein Feuer verbrennen noch verzehren kann. So können sie auch nicht wiederum aus ihrer eigenen Asche von neuem jung gestaltet hervorgehen, wie der Phönix. Darum ist auch das Feuer ihr Tod und das ihnen feindliche Element.

Das gleiche gilt nun von anderen Elementarkörpern mehr. Unter den vier Elementen nun ist die Luft das vornehmste, denn sie ist zuerst gewesen und gibt auch den anderen Elementen das Leben und ist in den anderen dreien verborgen. Das zeigt sich augenscheinlich am Feuer, das mag und kann ohne die Luft nicht brennen, sie ist des Feuers höchste Kraft. Denn je mehr die Luft oder der Wind in das Feuer weht, desto stärker hitziger und mächtiger brennt es. Und wie die Luft oder der Wind heißer wird im Feuer, so wird sie außerhalb des Feuers kälter.

Das Feuer ist auch das Leben. Denn in gleicher Weise wie das Feuer ersticken muss, so es nicht Luft hat, so muss auch der Mensch und alle lebendige Kreatur, die nicht Luft haben kann, das ist, wenn sie nicht ein und ausatmen kann, ersticken. Und so kann gar nicht ohne die Luft leben und alles was die Luft in sich hat, das hat auch leben in sich. Denn in gleicher Weise, wie ein Mensch mit seiner Luft, das ist mit seinem Atem ein Kerzenlicht ausblasen und auslöschen kann, so kann es auch das Feuer, das Wasser und die Erde ebenso wohl wie der Mensch. Denn sie haben auch einen verborgenen Atem in sich, das erweist sich augenscheinlich. Denn so du ein brennendes Kerzenlicht über ein brennendes Feuer emporhebst, wird es verlöscht. So verlöscht es auch desgleichen, über fließendes Wasser gehoben, so auch über Erdreich, das man erst ausgegraben hat. Diese aber können mit ihrem Atem nicht so weit wirken und reichen, wie der Mensch mit seinem Atem. Denn der Atem ist sein Geist und seinen Geist kann er auf magische Weise über hundert Meilen schicken, dass er alles das vollbringt, was der Mensch selbst vollbringen und ausrichten möchte. Und solche Botschaft geht geschwind, wie der Wind von einem Ort zum anderen bläst und wie der Bolzen von der Sehne geht, oder die Kugel aus ihrer Büchse. So schnell und geschwind sind die Geister mit ihrer Botschaft und der Ausführung ihrer Aufgabe, wovon an anderen Stellen mehr geschrieben wird.

## 5. Dr. Johannes Faust

### Handelt von den Feuer-Geistern

In seinem Buch „Magia Naturalis" berichtet uns der bekannte Dr. Faust von den Elemente-Wesen:

„Nämlich also: Diese Geister dienen den Menschen nicht gerne, sind auch den Menschen nicht recht zugetan, als nur den Feuer-Künstlern und Soldaten. Sie halten sich stets um die Sonne auf. Auch kann man von ihnen erforschen, wie man sein Glück in der Welt suchen soll, bei Königen oder niedrigen Ständen, und wenn ihr Wind weht, das ist der Südwind, so kommen sie am allerersten. Ihr oberster Prinzipal von den englischen Geistern heißt Jovis und dessen sein Oberhaupt heißt Sachiel, ein Thron-Engel des heiligen Jehova, daher sind sie dem Menschen noch etwas zugetan.

Wer weitere Nachricht von ihnen haben will, der mag sie vor sich rufen, jedoch ohne Circul, denn sie tun denen Menschen nichts (?).

Diese Geister kommen langsam und werden dienstags zu Nacht gerufen; auch können sie zu andern Zeiten ebenfalls zitiert und gerufen werden; allein es ist dieses nur bei der Dienstag-Rufung zu verstehen, dass sie das erste Mal Dienstag zu Nacht gerufen werden und zu dieser Zeit die erste Citation geschehen muss.

Die Gestalten der sieben großen Feuer-Geister.
Abdicuel. Adiel. Kiriel.
Ergediel. Amediel. Azeruel. Amudiel.

## Handelt von den acht großen Luft-Geistern in der Ordnung

Diese Geister, nämlich die Luft-Geister, dienen dem Menschen zu nichts mehr als zu Künsten, jedoch sie sind auch unter sich unterschieden, also als: Coradiel dient dem Menschen zu Glück in allem Unglück, er zeigt dem Menschen sein Unglück an, und ist er schon drinnen im Unglück, so hilft er ihm wieder heraus. Sumniel, auch ein Luft-Geist, ist der Meisterschaft ergeben, er dient den Handwerksleuten in allen Künsten und ganz besonderen Erfindungen.

Coachiel, auch ein Luft-Geist, ist der Chemie oder Alchemie ergeben, bei ihm können die Laboranten nachfragen, die in den Mineralien arbeiten oder laborieren wollen, denn von ihm können sie erforschen, wie sie die geringen Mineralien in ein besseres verwandeln können. Willst du sie vor dir haben, so mache keinen Kreis, denn diese Geister tun dem Menschen nichts. Sie heißen mit ihren Namen, wie nachsteht: Coradiel, Sumnidiel, Coachiel, Damniel, Barbiel, Adatiel, Pedartiel, Caffiel.

*Pedatiels Gestalt.*

## Nun folgen die Wasser-Geister in der Ordnung

Der Wasser-Geister ihr Vorgesetzter und Obrist heißt mit seinem Namen Hydriel. Er erscheint ganz sanft als eine Melusine, und man kann ihn nebst seinem Diener zu allem rufen, und sein Charakter wird vor den Kreis gelegt.

Seine Diener heißen Mortaliel, Lameniel, Camiel, Brachiel, Arbiel, Pesariel, Samiel, Lusiel, Musuziel, Dusiriel, Chariel. Sie berichten dir, was im Wasser liegt und versunken ist, welches sie dir, wenn du sie rufst, herbeibringen; du kannst sie bei Tag und Nacht zitieren.

*Nachricht von diesem Geiste*

Dieser vornehme Geist und Fürst hält sich in den Wassern auf, also in Fischteichen, Seen, Meeren, Sümpfen, Brunnen, Wasser-Gräben und Flüssen. Er hat unter seiner Herrschaft wenigstens 100 Fürsten, aber 200 Grafen und sehr viele Diener. Ihr Amt und Dienst ist, alles zu offenbaren, was im Wasser und in der Erde ist, sowohl bei Tag als auch nachts. Und wisse, dass diese sehr gütige und willfährige Geister sind. Sie erscheinen aber nicht so, wie du sie zitierst, denn sie erscheinen am meisten in Gestalt einer Schlange, zuweilen groß, zuweilen klein. Sein Haupt, wie er erscheint, ist wie das Haupt einer schönen Jungfrau mit fliegenden Haaren und sieht sehr schön von Angesicht aus. Er erscheinet aber niemals allein einer von diesen Geistern, sondern ein jeder Fürst hat bei seiner Erscheinung wenigstens 2 Grafen und an die 80 Bediente bei sich. Damit du aber bei der Operation nicht irrig wirst und wenigstens einige Namen der erscheinenden Fürsten weist, so habe ich dir vorher 12 Namen von den Fürsten Hydriels genannt, welches genug sein kann. Sie fangen an Mortaliel, Camniel, Camiel etc.

## Von den Erd-Geistern – Nachricht von Pigmaern

Die Pigmaei sind Erdgeister, sie wohnen in der Erde und stehen unter dem Groß-Fürsten Marbuel als ihren obersten Befehlshaber, nach ihm hat der Fürst Buriel und nach diesem der König Urinaphton zu befehlen. Sie sind friedfertige Geister und tun dem Menschen nichts, sondern sind gerne um die Menschen. Sie werden ohne Kreis zitiert, und man sieht während der Citation nur auf die Erde zwischen die Beine.

### Prozess, die Pigmaeos zu zitieren auf magische Art:

Dies geschieht auf zweierlei Art und ist ein gewisses, oft probiertes Kunst-Stück von großer Consideration, dabei auch gewiss und wahrhaftig.
Erstlich muss man haben eine Tafel oder ein Tischchen von nussbaumenem Holz oder von lindenem Holz mit 2 kleinen Schemelchen oder Stühlchen von ebendem Holz, mit Lehnen gemacht. Der Teppich muss 2 ½ Fuß lang sein, dazu muss man haben ein Tischtuch und 2 Servietten von ungebrauchter Leinwand, muss auch mit ganz neuem Zwirn, und zwar von einem Mädchen zwischen 7 bis 9 Jahren, gesäumt werden. Man muss auch ferner dazu haben: 2 Teller, 2 Löffel, 2 Messer, 1 gläserne Bouteille, 2 kleine Weingläser, 3 kleine Schüsselchen. Alles kann entweder von Töpferzeuge oder Porzellan sein und muss unbedungen, wie es geboten wird, bezahlt werden.
Ferner muss man noch dazu haben ein ganz neues töpfernes Kohlenbecken und eine weiße Henne oder Taube und gutes, wohlriechendes Räucherwerk, welches man erst consecriren kann. Auch muss man haben ganz reinen

Honig, gute Milch oder Rahm, frische ungesalzene Butter und Zucker wie auch hispanischen oder andern süßen Wein, 2 neugebackene Brote ohne Sauerteig und l neues Glas mit frischem reinem Brunnen-Wasser.

Wenn du nun alles so angeschafft und zubereitet hast, so nimm deinen Tisch, Stühle, Tischtuch und alles Vorerwähnte, gehe auf einen Hügel, wo Gras und Bäume sind und wo ein gutes Fließwasser vorbeifließt, daselbst setze deinen Tisch hin, und zwar so, dass die oberste Stelle gegen Morgen steht, decke deinen Tisch, setze deine Stühle hin, lege die Teller auf, tue in die Schüsselchen den Honig, Milch und Butter, die Milch und Butter muss mit Zucker bestreut werden, lege auch die Löffel und Messer auf, und zur rechten Hand lege einen Bogen weißes Papier, eine neue Feder und ein neues Gläschen mit blauer Tinte, lege auch noch einen Bogen Papier daneben, und schreibe dein Begehren mit blauer Tinte darauf. Wenn nun alles vorbeschriebenermaßen zugerichtet ist, so gieße in jedes Wein-Glas etwas Wein, dann nimm deine weiße Henne oder Taube, schneide oder reiß dieselbige in 4 Stücke, lasse das Blut davon in das angezündete Kohlenfeuer, welches unter dem Tisch stehen muss, laufen. Sobald nun der Dampf von dem Blut in die Luft steigt, so sprich also:

„Kommt, kommt her, ihr edlen Fürsten der Pigmaer, zu meiner Mahlzeit, die ich euch bereitet habe zu Ehren eures Königes Urinaphton, esst und trinkt, was ich euch vorgesetzt habe. Kommt her, kommt und verschmäht meine Gaben nicht, so lieb euch euer König Urinaphton ist."

Und wenn du das gesagt hast, so wirf einen Teil der Hennen gegen Morgen, den anderen gegen Abend, den dritten gegen Mittag, den vierten gegen Mitternacht. Alsdann nimm etwas von deinem Rauchwerk, welches aus Weihrauch, Benzoe und Storax gemacht ist, tue solches auf das Kohlenfeuer, das unter dem Tisch stehen muss, damit der Dampf um den Tisch herumziehen kann, und wenn du den Rauch aufsteigen siehst, so sprich folgende Conjuration mit gläubigem und großem Gemüt, vorher aber, ehe du conjurirest, so brich von jedem Brot einen Bissen ab und tunke ihn in die drei Speisen, iss alsdann solchen und koste auch den Wein, dann conjurire folgender Gestalt:

Ich beschwöre euch bei dem ewigen Thron Gottes und bei den heiligen Namen Adonay, edlen Fürsten der Pigmaer, Salvian, Antologan, dass ihr ohne allen Verzug allhier zu diesem Tisch kommt, und wann ihr gegessen und getrunken habt, so bitte ich euch, dass ihr mich, so lieb euch euer König Urinaphton ist, wahrhaftig und treulich in allem unterrichtet, was ich von euch zu wissen begehre.

Diese Conjuration wiederhole, und sprich sie zu drei Malen. Alsdann tritt wohl auf 3 bis 6 Schritte vom Tisch zurück und erwarte es mit Geduld; so werden 2 kleine Männlein kommen, die setzen sich jeder auf einen Stuhl gegenüber und fangen an zu essen von den vorgesetzten Gerichten und trinken auch von dem Wein. Alsdann werden sie den von dir geschriebenen Zettel, worauf dein Begehren steht, lesen, wenn sie ihn dann gelesen haben, werden sie dir gewissen Bescheid geben oder dir die Antwort auf den andern Bogen Papier schreiben, wenn sie dir nämlich das erste Mal deine Bitte gewähren wollen.

Ja, wenn sie dir recht wohl wollen, so rufen sie dir herbei und reden mit dir, wie ein Freund mit den andern redet. Wenn dieses alles nun vollbracht ist und sie aufstehen, so sagt man zu ihnen:

„Ich danke euch, ihr edlen Fürsten der Pigmaer, dass ihr meine Bitte nicht verschmäht habt, sondern auf mein Ersuchen zu dieser meiner Mahlzeit erschienen seid, ich ersuche euch höchlich, dass ihr so gütig seid und hinführt allezeit, wenn ich euch wieder rufen werde, bald wiederum und willig erscheint. Geht nun wiederum an euren Ort mit dem Herrn, der sei zwischen mir, † und euch †.

Die beste Zeit zu dieser Convocation sind die Monate Majus und Junius, es muss bei hellem und stillem Wetter früh morgens vor Sonnenaufgang und an einem stillen und ruhigen Ort, wo man von niemanden gehindert wird, geschehen, sonst erscheinen sie nicht gerne.

Was an Essen und Trinken übrigbleibt, kann man ohne Kummer verzehren, das Feuer oder Kohlen aber aus dem Kohlenbecken muss man ins Wasser stürzen.

## Notandum

Hierbei ist zu wissen, dass sie bei der ersten Operation vielmals nicht alles tun, was man von ihnen verlangt, daher kann man zwischen einigen Tagen die Operation zum andern und dritten Male wiederholen. Man kann sie aber bei der andern und dritten Operation schon zu sich in sein Logis invitieren, bei ihnen an seinem Tisch sitzen, reden und fragen von Sachen, die man von ihnen begehrt zu erfahren. Ja, sie dienen einem wie Knechte in seiner eigenen Wohnung. Sie kommen auch öfters ungerufen zu dir und bringen dir mehr, als du begehrst. Sie werden dir auch ihre eigentlichen Namen offenbaren, auch die Art und Weise sagen, wie du sie rufen kannst, wenn du sie verlangst.

## Obervatio

Das Hauptsächlichste aber, was du bei ihrer Convocation in acht zu nehmen hast, sind folgende Punkte.
1. Musst du alles, was du mit ihnen handelst und traktierst, sehr geheim und verschwiegen halten, welches sie auch von dir verlangen.
2. Können sie keinen Fluch leiden, hören nicht gerne Schand-Zoten, können auch die Hurerei nicht leiden, sie können leiden, dass du von Gott und seinem Wort redest.
3. Musst du überhaupt ein ehrbares und stilles Leben führen, niemanden betrügen, bevorteilen oder stehlen, welches sie nicht leiden können. Sie sind keine bösen Geister.

Nun folgt ihrer Gestalt, wie sowohl ihr König Urinaphton, als auch die Fürsten der Pigmaer selbst erscheinen. Und alsdann erfolgt noch ein Prozess, wie sie zu zitieren sind, nach der Art, wie es die Venetianer machen, als welche durch diese Geister alle geheimen Bergwerke in andern Ländern erfahren und ihnen dazu verhelfen.

### Ausführlicher Prozess, die Pigmaeos zu zitieren nach der Venetianer Art.

Lasse dir in einem irdischen Zeichen als „np ö" oder ein kleines viereckiges Tischlein von lindenem oder eichenem Holz machen, nicht gar eine Elle hoch, desgleichen 2 Stühle mit Geländer, eine halbe Elle hoch, 2 neue Teller, 2 neue Löffel, subtil und nicht groß, von feinstem Silber oder lindenem Holz, 2 Messerlein, 3 irdene, auch silberne Schalen oder Schüsslein, eine neue irdene Rauchpfanne, ein neues Tischtuch, 2 neue Gläslein, oder sonst reine Trinkgeschirre, in summa alles neu und weder vor noch nach der Operation, von jemandem gebraucht sind noch gebraucht werden dürfen, sondern allein zu diesen Dingen aufbehalten werden müssen. Sie müssen auch im Einkaufen, so wie es geboten wird, bezahlt und nichts abgebrochen werden. Erwähle dir denn einen gewissen schönen Tag, wenn es sehr heiter und dabei stille Luft ist, und zwar an einem Montag, Mittwoch oder Donnerstag in der Stunde Sonne, Venus oder Merkur. Suche dir aber einen schönen grünen Berg aus, da du frei, sicher bist und die 4 Gegenden der Welt sehen, auch einig und alleine von andern Leuten ungehindert auch unbeschlichen sein und bleiben mögest.

Stelle alsdann das Tischlein mit der obersten Stelle gegen Aufgang der Sonne, decke es denn mit dem Tuch, lege auf die Teller, Messer und Löffel, 2 neugebackene ungesäuerte Brote und die 3 Schüsslein, und tue dann in eines reines Jungfer Honig, in das andere einen schönen frischen Butterwecken, mit Zucker wohl bestreut, in das dritte eine gute rahmige frische Milch, auch mit Zucker wohl bestreut; in ein Trinkgeschirr einen süßen spanischen oder ungarischen Wein, in das andere reines frisches Brunnenwasser, das Glas mit dem Wein setze an die oberste Stelle, das mit dem Wasser aber an die unterste Stelle.

Ist nun alles bereit, so musst du haben ein Kohlenfeuer, so unter dem Tischlein stehen muss, und müssen glühende Kohlen darinnen sein, alsdann nimm eine schwarze junge Henne oder Taube, halte sie über das Kohlenfeuer und zerreiße sie in zwei Stücke, dass das Blut auf die Kohlen falle, und wenn der Rauch von dem Blut aufsteigt, so wirf die zwei Teile der Hennen oder Tauber, eines gegen Aufgang, das andere gegen Niedergang der Sonnen, und rufe mit lauter Stimme dreimal: „Venite, Venite Principes Pigmeorum!" Alsdann wirf ein gutes Rauchpulver aus Weihrauch, Benzoe und Storax gemacht, auf das Kohlenfeuer, dass der Rauch sich überall um den Tisch herumziehe, und rufe dann abermals gegen Aufgang der Sonnen: „Kommt, kommt ihr edlen Fürsten der Pigmaer zu dieser meiner Mahlzeit, die ich euch bereitet habe im Rahmen und zu Ehren eures Königs Urinaphton, kommt, kommt und verschmäht diese meine Mahlzeit nicht", und das tue auch dreimal. Alsdann brich von einem jeden Brot einen Bissen, tunke damit in die 3 Speisen, iss dasselbe und trinke aus jedem Gläslein ein wenig Wein.

Denn lege dein Begehren auf rein Jungfer Pergament mit blauer Tinte geschrieben, auf das Tischlein, stelle dazu in einem Gläslein eine blaue Tinte und lege eine neue Feder dazu, dann tritt beiseite von dem Tisch, so wirst du sehen 2 kleine Männlein kommen, die werden sich zu Tisch setzen, werden essen und trinken, und sie werden auch dein Begehren lesen, und wenn sie wiederum aufstehen und weggehen wollen, so sprich zu ihnen also:

„Habt Dank ihr edlen Fürsten der Pigmaer, dass ihr mich nicht verschmäht, sondern zu dieser meiner Mahlzeit kommen seid, die ich euch bereitet habe im Rahmen und zu Ehren eures Königs Urinaphton, geht hin in Frieden und seid meiner zur andern Zeit wieder zu erscheinen willig."

Auf dieses Mal werden sie nicht reden, schreiben noch antworten, sondern wenn du es zum andern Mal an eben diesem Ort (indem es dreimal geschehen muss) gefordert haben wirst, so werden sie dich hinrufen und mit dir reden, dir auch versprechen zu dienen, und das Zeichen mitbringen, welches denn in der dritten Erforderung geschieht. Wenn du nun dasselbe hast, so kannst du sie hinrufen, wohin du willst, wenn du nur das Zeichen in deine Hand nimmst und in die Höhe hebst, und sie bei ihrem Namen (den sie dir in der dritten Erscheinung andeuten werden) rufst, so erscheinen sie dir gar willig. Ja, bei deinem Tisch in deinem Haus, und wo du bist, werden sie dir erscheinen, sie werden auch sehr gemein, und konferieren von allerhand Sachen mit dir, wie ein Mensch mit den andern, bringen dir auch, so sie anders dein unärgerliches Leben spüren werden, Gold, Silber, Edelsteine, doch von sich selbst, ungebeten, und viel eher, als wenn du sie deswegen ansprechen würdest, sie offenbaren dir die Natur, die Art und Eigenschaft vieler Wurzeln und Kräuter und andere Dinge mehr. Sie bringen dir auf dein Begehren alles Wild zusammen, wohin du es haben willst. Doch sei gewarnt, dass du Gott die Ehren nicht entziehst, und ihnen was gibst noch dich ihnen verpfändest. Du musst auch dahin beflissen sein, dass du sie nicht erzürnst, oder wider sie handelst, sonst werden sie müde und dir gar gehässig. Liebst du sie aber gebührenderweise, so lieben sie dich wieder von Herzen; das musst du auch wohl merken, dass du ihre Geheimnisse und was du mit ihnen handelst, niemanden offenbaren, weil sie es nicht leiden und ihre Sachen gerne still und verschwiegen haben mögen. Sie hören auch nicht gerne fluchen oder den Teufel nennen, noch von andern ungebührlichen Dingen reden. Hiermit hast du also den wahrhaftigen Weg dieser Geister (von denen man großen Nutzen, wenn man nämlich recht und gehörigermaßen mit ihnen umgeht, haben kann) sie zu deiner Dienstbarkeit zu bringen, nebst der treuherzigen Warnung, ohne Falschheit und Hinterlist dabei zu sein und einen ehrbaren Wandel zu führen.

Ende der Prozesse, die Pygmeos zu zitieren.

## 6. Geschichten von den Elementar-Geistern

In meinem Buch „Eine Sammlung der besten und lehrreichsten Beschwörungsgeschichten" befinden sich gute zu diesem Thema passende Berichte:

### Eine Gnombeschwörung

Eine sehr interessante Geschichte erzählte mir ein Mitglied des Bardon-Kreises, welche er selbst auch nur gehört hatte. Ich hole mir auf jeden Fall die Bestätigung von Anion:
„Ein mir nicht bekannter Zauberer hat sich eines Tages darauf vorbereitet, eine Evokation eines Gnomen-Fürsten zu tätigen. Er bereitete seinen Kreis vor, schrieb wie verlangt verschiedene Engels- und Gottesnamen hinein, machte gewisse den Erdwesen zugeschriebene Räucherungen und ging mit allen magischen Utensilien in den Mittelpunkt des Kreises. Nachdem er seine Formeln mit inbrünstiger Stimme gebetet hatte, hörte er eine unerwartet tiefe, ernste, gebieterische Stimme, die ihm allein schon von der Tonlage Angst einjagte.
„Warum störst du mich?"
„Ich wollte dich zur sichtbaren Erscheinung zwingen!"
„Mich zwingen!"
Um seine angebliche Gewalt über das Wesen zu bezeugen, sagte der Zauberer: „Im Namen Michaels, dem Bezwinger des Drachens, befehle ich dir, erscheine mir auf der Stelle sichtbar. Ich will das!"
„Wer Michael ist, das brauchst du mir nicht zu sagen, den kenne ich, aber dich kenne ich auch . . . !", und das waren die letzten Worte des Erdfürsten. Nächsten Tag fand man den Zauberer zerfetzt und Blut überströmt in seinem magischen Tempel liegen!

\*

„Anion, kann die Geschichte wahr sein?"
„Ja, denn die Gnomen-Fürsten sind sehr stolze Wesen. Der Zauberer hätte das wissen müssen. Und da er ihn mit einer nicht haltbaren Drohung in seinem Stolz verletzt hatte, konnte er so reagieren."
„Durfte er dem Zauberer gleich einen so großen Schaden zufügen?"
„Ja, denn der Zauberer hat sich in den Wirkungsbereich dieses Erdwesens begeben und unterstand ihm für kurze Zeit!"

**Gerettet**

Nach langem Suchen habe ich eine Geschichte gefunden, die typisch für das Ruhrgebiet und seine vielen Kohle-Bergwerke ist. Viel wird davon erzählt, aber wenig geglaubt. Der Bericht handelt von einem jungen Bergarbeiter, der bei einem Grubenunglück eingeschlossen wurde:
Ein Donnerschlag erklang und die Erschütterung des ganzen Schachtes war spürbar, warf mich zu Boden. Ein weiteres Krachen war zu hören, gab mir einen Hinweis darauf, dass ein Schacht eingestürzt war. War kein Seitengang mehr offen, war ich wie in einer Mausefalle gefangen. Mein Kameraden wussten ja nicht, wo ich war bzw. ob ich überhaupt noch lebe! Zu Essen hatte ich auch nicht viel und auch die Luft würde irgendwann mal knapp werden. Langsam erlosch auch meine Lampe und ich saß allein im Dunklen. Aber dennoch wollte ich die Hoffnung nicht aufgeben. Ich saß einige Zeit in der Finsternis, wusste nicht was ich tun sollte und fing an zu beten, um mir die Zeit zu vertreiben. Ich wurde müde und schlief ein. Als ich wieder erwachte, war es hell im Schacht. Das Licht kam von einem grauen Männlein, das vielleicht einen knappen Meter groß war. Es guckte mich freundlich an und sagte: „Steh auf und folge mir!", und das machte ich, obwohl ich geschwächt war. Er leuchtete voran mit dem Licht, was ihn umgabt. Er führte mich zu einem Spalt, den ich anfangs gar nicht sah, nahm meine Hand und führte mich durch den doch nicht so engen Raum. Der kleine Mann erklärte mir alles haargenau, was ich machen musste, damit mich meine Kollegen in den anderen Gängen hören konnten. Zum Abschied gab er mir noch was zu essen und zu trinken.
„Grüß schön deine junge Braut und deine Mutter. Die beiden lagen mir mit ihren Gebeten und Bitten ziemlich in den Ohren. Das umschwirrte mich und ließ mir keine Ruhe."
Das Licht verblasste langsam und das kleine Erdmännlein war weg. Ich hingegen machte das, was er mir aufgetragen hatte und fing an zu hämmern. Mir kam dann der Gedanke, ob die Erscheinung echt gewesen sei oder ob Gott sie für meine Rettung geschickt hatte. Nach Stunden ermüdete mich die Arbeit so sehr, dass ich nur noch klopfen konnte. Doch plötzlich hörte ich ein von fern kommendes Klopfen. Ich würde gehört, die Töne kamen näher und näher. Als ich Stimmen hörte, verlor ich vor Freude mein Bewusstsein. Als ich wieder aufwachte, sah ich meine liebe Mutter und meine Braut, und ich war froh, dass mir der kleine Kerl geholfen hatte.

Mit gewissen Gattungen von Elementargeistern ist nicht zu spaßen. Manch ein „Magier" erlag ihnen und wurde mit auf den Rücken gedrehten Kopf vorgefunden. Ähnlich soll es ja den tibetanischen Rotkappenmönchen, den Dugpas, ergehen. Besessen von erdgebundenen Elementarwesen, die ihnen nur zum Scheine dienen, werden sie ihre Opfer.

*

Bekannter ist, dass diese Naturgeister hilflosen Menschen und Tieren ihr besondere Anteilnahme zuteil werden lassen. Gnomen retten junge Mädchen aus fließenden Bächen, unter Geröll befindliche, von Wegelagern bewahren sie Wanderer usw. Die Berichte gehen alle in dieselbe Richtung, es gibt unzählige Sagen, Legenden und Geschichten darüber, genauso wie es verschiedene Bezeichnungen für ein und dieselben Naturwesen in allen Ländern gibt.

### Vom Zauberer Frater Saturnius

Für uns interessanter sind die magischen Zusammenhänge: Einen wilden Aufruhr der Elemente, ausgelöst durch eine Beschwörung, schildert in einem Schreiben an seinen Meister der Frater Saturnius, der in seiner Umgebung als Schwarzmagier verschrien war. Bei der Bewachung beschlagnahmter Güter im süddeutschen Raum vollzog er sie 1945 in einer hellen Mondnacht im August. Völlig unvorbereitet, ohne jede magische Schutzmaßnahme; eigentlich nur zum Spaß, zum Ergötzen seiner Kameraden, ehemalige Kriegsgefangene verschiedener Nationalität. Allein was er damit bewirkte, war geradezu gigantisch; sofern wir seinen Schilderungen glauben schenken wollen. Aber geben wir ihm selbst das Wort: „ . . . Ein gewaltiger Sturm hüb an. Die großen schweren Eichentische und wuchtigen Schränke, ja selbst schwere Maschinen purzelten und flogen durcheinander, obwohl selbst 10 starke Männer die Maschinen kaum hoch heben konnten. Meine fünf Kollegen und zwei französische Offiziere ergriff panischer Schrecken. Der Spuk dauerte von Mitternacht bis zum ersten Hahnenschrei um fünf Uhr Morgens. – Mir selbst standen, offen gesagt, die Haare zu Berge. Trotzdem hatte ich eine diabolische Freude, dass es mir gelungen war, im Freien die Luftgeister ohne jede Vorbereitung zur Manifestation veranlasst zu haben. Die Evokation klappte wie am Schnürchen. Blitz folgte auf Blitz. Ich zwang die Sylphen, mich in einem Wirbelwind in die Lüfte zu erheben. Tausendmal

(?) wurde ich etwa entführt und schließlich in einem Hopfengarten sanft niedergelassen. Alle dachten, der Teufel habe mich bei lebendigen Leibe geholt. – Die beiden hohen französischen Offiziere liefen zu den Fahrzeugen und fuhren rasch davon. Ich kam gesund und wohlbehalten aus dem Hopfengarten hervorgekrochen. Meine fünf Wachmänner glaubten bei meiner Wiederkehr, einen Geist zu erblicken. Als sie sich beruhigt hatten, erzählten sie mir, dass sie geglaubt hätten, jetzt zur Höllenfahrt dranzukommen."

Saturnius aber lachte, lachte wie ein Besessener, was die vor Furcht schlotternden Männer angesichts der um sie tobenden Naturgewalten nur um so grauenhafter empfanden. Auch die Bevölkerung des nahen Ortes „hatte Blitz und Sturm aus heiterem Vollmondhimmel recht bewusst miterlebt."

Sehr interessant soll sein angeblicher Tod sein. Er soll versucht haben, durch die Nixen des Bodensees an das verschollene Nazi-Gold heranzukommen. Dazu hat er Blut in den See geschüttet, um ihnen dadurch zu opfern. Dies sollen die Nixen aber hassen und haben ihn als Rache nachts durch ihr magnetisches Fluid gerufen und er ging in den See, wachte wohl auf, als ihm das Wasser bis zum Hals reichte und verstarb mit Unterkühlung im Krankenhaus.

**Weitere Bücher aus dem Christof Uiberreiter Verlag:**

**Das goldene Blatt der Weisheit**
Seila Orienta/Franz Bardon

Zum ersten Mal in der okkulten Literatur wird die 4. Tarotkarte des Hermes Trismegistos verständlich beschrieben und offengelegt. Sie beinhaltet unbekannte Konzentrations- und Meditationsübungen. Des Weiteren gibt sie Hinweise und erklärt die Unterschiede zwischen Magie und Mystik und Gefahren des einseitigen Weges. Am Ende steht die Verbindung mit der universellen Gottheit, dem Herrn der Sonnensphäre, welcher quabbalistisch „Metatron" genannt wird.

*

**5. Tarotkarte – Mysterien des Steins der Weisen**
Seila Orienta/Franz Bardon

Dieses Buch stellt die Vorderseite der Alchemie dar, die die einzelnen praktischen Übungsschritte erklärt, ohne die verschlüsselten Mystifikationen der alten Alchemisten auch nur annähernd zu erwähnen, wie man es aus den anderen Büchern des Franz Bardon kennt. Es wird erklärt, dass ohne vollkommene Beherrschung der 4 Elemente keine Alchemie möglich ist. Des Weiteren wird mit den einzelnen Ebenen, mit den Matrizen, dem elektromagnetischen Fluid usw. gearbeitet. Doch der Hauptpunkt stellen die göttlichen Eigenschaften wie z. B. die Allmacht dar, mit denen der Göttliche Stein der Weisen durch gewisse Übungen geladen wird.

*

**Talismanologie und Mantramkunde**
Seila Orienta/Franz Bardon

Zum ersten Mal werden hier (magisch) geladene Mantrams – Gebetssätze – preisgegeben, welche bei nötiger Reife, Ausgeglichenheit und Reinheit durchdringende Erfolge versprechen. Mantrams sind ja nach Bardon nicht irgendwelche „Suggestionssätze", sondern sie sind Ideenausdrücke, mit denen man mit Mächten, Kräften, Eigenschaften, also Gottheiten, in Verbindung kommen kann. Gleichzeitig werden die dazugehörigen Siegelzeichen der göttlichen Ideen preisgegeben, welche im rituellen

Zusammenhang mit den Mantrams stehen. Ein Buch, dass nicht nur die Hermetiker, sondern auch die Anhänger der Yogawissenschaften inspirieren wird!

\*

## Eine Sammlung der schönsten und lehrreichsten Beschwörungsgeschichten
Hohenstätten

Dieses Buch ist einzigartig, denn es zeigt den zweiten Band von Franz Bardon an Hand von interessanten Evokationsberichten, die genau das bestätigen, was Bardon in seinem Buch geschrieben hat, und noch darüber hinaus. Es werden sensationelle Erlebnisse geschildert, die man sonst niemals findet. Auch aus unveröffentlichten Schriften wird zitiert.

\*

## Verkörperungen des Meister Arion
Hohenstätten

Man wird beim Lesen dieses Buches nicht glauben, wie viele bekannte und unbekannte Inkarnationen Franz Bardon hatte. Die paar, die im „Frabato" bekannt gegeben wurden, stellen nur einen geringen Teil seiner Verkörperungen dar. Wir mussten, da es dermaßen wenig Literatur über die Verkörperungen gab, wieder hunderte und aberhunderte von Büchern, Aufsätzen, Zeitschriften und Artikeln durcharbeiten, bis wir genügend Material für dieses Buch hatten. Aber der Leser wird sich beim Lesen sicherlich über unsere Arbeit freuen, denn sie wird ihn in Erstaunen versetzen!

\*

## Shamballa, der goldene Tempel des Lichts
Hohenstätten

Dieser Tempel dürfte jeden Leser von Bardons Roman „Frabato" fasziniert haben. Dass es aber in der okkulten Literatur noch viel mehr Informationen darüber gibt, die man aber nur findet, wenn man alles Veröffentlichte gelesen hat, dürfte dem einen oder anderen unbekannt sein. Es wurden wieder ganze Stöße von Büchern durchgesehen und das Ergebnis wird hier veröffentlicht. Es wird aber gleichzeitig darauf hingewiesen, wie viel Schundliteratur es darüber gibt, wie viel Lügen im Umlauf sind, damit sich der Schüler der Hermetik ein klares Bild machen kann. Wir bringen in diesem Buch alles, was wir an Material darüber gefunden haben und es wird auch noch einiges aus der eigenen Erfahrung, was das Wertvollste ist, mitgeteilt. Nicht nur über den Tempel wird berichtet, sondern auch über die damit verbundene „Bruderschaft des Lichts", dessen Sitz er darstellt.

\*

**Auf der Suche nach Meister Arion**
Hohenstätten

Diese Autobiographie eines Schüler der Hermetik des Franz Bardon schildert sein magische Leben, in welcher zahlreiche Erfahrungen zu den Übungen aus dem Adepten geschildert werden, die die Hauptperson selbst erlebt hat. Es wird der schwere Weg des Adepten aus autobiographischer Sicht gezeigt, seine vielen Tiefschläge, aber auch seine glanzvollen Seiten und Zeiten. Der harte Kampf mit dem Seelenspiegel wird bis in alle Einzelheiten aufgezeigt, genauso wie die vielen anderen Wege, in welche der Autor reinschnupperte, um dadurch reichlich Erfahrung sammeln zu können. Darüber hinaus enthält es unzählige Erfahrungen und Berichte betreffs Mantramistik nach Bardon, die wahre Runenmagie, zahlreiche Evokationen sowie Invokationen mit seinem Lehrer Anion, einen magischen Exorzismus, wie er bisher noch nie öffentlich geschildert wurde. Mentalreisen, Beeinflussungen, Übungen zur Gottverbundenheit, Erscheinungen, Alchemie, Heilungen mit den verschiedensten magischen Methoden z. B. Quabbalah oder durch die Elemente, Schutzgeistevokationen und viele andere magische „Wunder" seines Freundes und Lehrers Anion. Auch einige magische Fotos in Farbe, ein bisher von Bardon unveröffentlichtes Akashafoto von Christus und ein Bild des schwebenden Meister Arion werden in diesem Buch preisgegeben. Der Inhalt ist viel reichlicher, als hier kurz beschrieben werden kann.

\*

**Magisches Gleichgewicht**
Hohenstätten

Dieses Buch zeigt eindeutig, dass in allen anderen Systemen das „Gleichgewicht" genauso gebraucht wird, wie bei Bardons Werken. Er war nicht der Einzige, der das erwähnte, aber er war der erste, welche es deutlich erklärte, denn die anderen Systeme sprachen nur durch das Symbol, welches nicht jedem Leser verständlich war. Obendrein bringen wir noch Unveröffentlichtes vom Meister Arion zu dieser Grundlage der magischen Entwicklung.

*

### Das Leben und die Erfahrungen eines wahren Hermetikers
Seila Orienta

Diese Autobiographie eines Magiers ist unübertroffen, denn bis jetzt hat kein einziger, okkult Geschulter, so offen und ehrlich gesprochen wie Seila Orienta. Er gibt in diesem Werk sein Leben bekannt, sowie seine zahlreichen und äußerst interessanten Erlebnisse und Erfahrungen. Es werden auch zum ersten Mal Fotos von Wesen der Sphären gezeigt, welche Franz Bardon höchstpersönlich in den 20ern gemacht hat. Des Weiteren schreibt Seila Orienta über die Sphären, über Dämonen, Logenkontakte und vieles, vieles mehr, was einem ehrlich strebenden Hermetiker das Herz übergehen lassen wird.

*

### Das Leben des Franz Bardon
Hohenstätten

Dieses Buch beschreibt das Leben des Meisters außerhalb des Frabatos, welches seine Sekretärin – Otti V. – geschrieben hat. Es beinhaltet Erklärungen zu seiner „Biografie", weitere Einzelheiten über den Kampf mit der FOGC, seine Beziehung zu Wilhelm Quintscher und anderen Okkultisten, was alles bisher unbekannt war! Des Weiteren werden viele Erlebnisse seiner Schüler in Prag erzählt, verschiedene magische Leistungen und interessante Geschichten Bardons beschrieben, die bis dato unveröffentlicht sind. Es werden auch seine drei Lehrwerke und deren Wirkung auf die Öffentlichkeit von einem anderen, unbekannten Standpunkt geschildert, welcher durch bisher schwer zugänglichen Schriften unterstützt wird. Als Krönung wird seine aus dem tschechischen übersetzte „Runenschrift" zum ersten Mal veröffentlicht. Auch einige Seiten aus anderen unveröffentlichten Schriften von ihm sowie interessante Fotos des Meister Bardon und seiner Freunde werden hier preisgegeben und vieles, vieles mehr.

*

### In Verbindung mit der Gottheit
Hohenstätten

Über das Thema der Gottverbundenheit mit all seinen Formen und

Methoden wurde bis heute noch nie ein Buch verfasst geschweige denn eine Schrift geschrieben. Man findet in der okkulten wie in der östlichen Literatur nur spärliche Hinweise, die größtenteils verschlüsselt sind oder so geschrieben wurden, dass man sie kaum versteht. Im Gegensatz dazu wird in diesem Buch offen dargelegt, dass das 1. kleine Arkanum der 78 Tarotkarten die Gottverbundenheit in ihrer Reinform darstellt.

\*

### Hermetische Heilmethoden
Hohenstätten

Dieses Buch stellt in der okkulten Literatur ein absolutes Unikum dar, denn über die Gesamtheit der okkulten Heilmethoden wurde bis jetzt noch NIE etwas Sinnvolles geschrieben. Es werden alle Heilmethoden erwähnt, die der hermetische Schüler mit Hilfe seiner bisher erlangten Konzentrationsfähigkeit ausüben und verwenden kann.

\*

### Erste hermetische Zeitschrift

„Der hermetische Bund teilt mit" ist eine der wenigen magisch-mystischen Zeitschriften, welche sich soweit als möglich auf die universelle Lehre von Franz Bardon bezieht. Sie versucht sich an die Gesetze des 4-poligen Magneten zu halten und vermittelt Wissen sowie Hinweise für die Praxis, damit der Leser die Möglichkeit hat, sie in seinen hermetischen Weg aufzunehmen und für sich gewinnbringend zu verarbeiten.

Noch viel mehr hermetische Literatur finden Sie auf unserer Website: http://www.hermetischer-bund.com.

Viel Vergnügen beim Stöbern!

Der Verlag